AF200682

De Vita

MAXIMILIAN DRIMALSKI

De Vita

© 2020 Maximilian Drimalski

Umschlagdesign, Satz, Herstellung und Verlag:
BoD - Books on Demand, Norderstedt
ISBN 978-3-7504-2413-5

Inhalt

Vorwort

Es ist Ende 2018, 4:27 Uhr, als ich die ersten Worte dieses Buches in meinen Laptop tippe. Seit Wochen spiele ich mit der Idee, meine Gedanken, die jede Nacht dafür sorgen, dass ich nicht einschlafen kann, zu sortieren und aufzuschreiben. Nicht aus dem Grund, weil ich dies schon immer tun wollte. Nein, vielmehr um mir die eigene Unzufriedenheit von der Seele zu schreiben. So denke ich mir, sei ehrlich zu dir selbst, und stelle mir die Frage, inwieweit jeder für den Ärger, die seelischen Schmerzen, die im Leben empfunden werden, und alle Probleme nicht irgendwie selbst verantwortlich ist?

Zwar ist Einsicht der erste Weg zur Besserung, doch die wirkliche Besinnung habe ich bislang noch nicht gefunden. Daher schreibe ich nun einfach einmal drauflos und hoffe, dass ich durch die Auseinandersetzung mit dem Leben im Allgemeinen so auch Erkenntnisse erlangen werde, wodurch ich mein eigenes Leben besser führen werde. Sowohl in Hinsicht des Lebensglücks und der Selbstzufriedenheit als auch dem Sinn des Lebens als solches.

Das Leben verläuft in den seltensten Fällen nach einer klaren Gliederung. Bis auf die Geburt und den Tod kann es keine Gewährleistung geben. Ob diese Worte jemals veröffentlicht werden oder nicht, sei dahingestellt. So kann ich nur versichern, dass es auch in diesem Buch nach dem ältesten Schema der Welt verläuft. Sei es lediglich für mich als Word-Datei auf meinen Laptop oder gebunden in Ihrem Schrank. So wird es wie stets einen

Anfang und ein Ende geben. Mir geht es einzig und alleine darum, meinen Gedanken, Worten und Gefühlen in Buchstaben Ausdruck zu verleihen.

Vielleicht hätte ich Rapper werden sollen, aber leider kann ich nicht singen und reimen erst recht nicht. Außerdem habe ich auch keinen Lebenslauf, der für eine Karriere im Rap-Bereich geeignet wäre.

Zunächst möchte ich kurz erklären, warum ich mein Schriftstück »De Vita« nenne. Dies ist einfach und schnell erklärt. Im Abitur hatte ich Latein. Daraufhin dachte ich mir, mit diesem Wissen kann ich an dieser Stelle glänzen. Nein, so war es nur bedingt. Eines Nachts, ganz im Stile der Feuerzangenbowle, in Erinnerungen an meine Schulzeit schwelgend, fiel mir das Wort »vita« ein.

Und so dachte ich, »De Vita« – »Über das Leben«, ist dies nicht das Wichtigste, worüber der Mensch nachdenken kann? Wieso stehst du jeden Tag auf und gehst den Tag so an, wie du es tust? Freiwillig oder unfreiwillig? Bist du glücklich? Was würdest du tun, losgelöst von allem? Zeit mit den Menschen verbringen, die du liebst? Einen entspannten Spaziergang am Strand? Oder etwa wandern in den Bergen? Die Welt verbessern? Oder einfach nur gesund sein und einen Tag erleben wie etwa jeder andere? Durch die letzte Frage merke ich, in Anbetracht der Tatsache, dass ich ein junger und gesunder Mann bin, wie klein meine Probleme eigentlich sind. Die meisten haben hoffentlich darüber nachgedacht, lieber am Strand oder in den Bergen zu sein. Oder, einfach nur aus seinem Alltag zu entfliehen und in Ruhe Zeit mit den Liebsten zu verbringen. Doch so ist es, wie so oft im Leben eine Frage des Standpunkts. Die Menschen, die gesundheitliche Probleme haben, wollen lieber arm und gesund sein, die Armen wollen reich sein, wer reich ist, zieht die Gesundheit ebenfalls dem Reichtum vor.

Das entscheidende Wort ist Dankbarkeit. Dankbarkeit für alles, was man hat, und insbesondere für das Geschenk des Lebens als solches.

Es ist stets ein seltsames Gefühl, vor einem leeren Blatt Papier zu sitzen. Oftmals wird einfach nicht gewusst, auf welche Weise angefangen werden soll. Wenn erst eine Seite geschrieben worden ist, dann ist noch kein Ergebnis in Sicht. Sobald man aber erst einmal im Flow ist, dann läuft es recht easy weiter. Deutlich schwieriger als beim Schreiben ist diese Situation, im Leben am Anfang von Etwas zu stehen. Das leere Blatt vor dem geistigen Auge steht symbolisch für jeden Anfang.

Immer, wenn etwas Neues begonnen wird, sei es in Alltagssituationen, in denen sich etwas vorgenommen wird, bei zukunftsweisenden Dingen wie Studium, Ausbildung oder im Beruf, bei den guten Vorsätzen für das neue Jahr oder im zwischenmenschlichen Bereich, beim Kennenlernen eines Menschen. Im Leben kann zumeist nicht einfach etwas durchgestrichen werden. Was geschehen ist, ist geschehen. So gibt es oftmals nur die Möglichkeit, neu zu beginnen, »die Seite« sinnbildlich zu zerreißen und somit alles hinter sich lassen. Aber danach wird woanders wieder am Anfang begonnen.

Oft wird davon gesprochen, dass der erlebte Tag einer zum Vergessen ist. Aber ist es nicht äußerst traurig, Tage zum Vergessen zu haben? Es ist doch wertvolle Lebenszeit, die verloren geht. Zugegebenerweise gibt es auch schlechte Tage, denn auch diese gehören zum Leben dazu. Sollte es aber nicht ein Ziel sein, möglichst wenige Tage zum Vergessen zu haben? Wenn Tage als Seiten angesehen werden und jeder davon nur eine begrenzte Anzahl hat, so sollten doch möglichst wenige Seiten zerrissen werden. Im Gegenteil, es muss gut überlegt werden, wie sie am besten genutzt werden sollten. Erst wenn erkannt wird, dass die Seiten weniger werden, werden sich womöglich Gedanken darüber gemacht, was man auf seine Seiten hätte schreiben sollen, die einem zur Verfügung stehen.

Kapitel 1:
Aller Anfang zum Glück ist schwer

Jeder Tag ist wie eine neue Seite, auf der man nur selbst diktiert, was das Leben für einen schreibt. Das Leben lässt sich ein bisschen wie ein Buch vorstellen und jeder ist sein eigener Autor. Was das Leben für einen bereithält und wie es zum Besten verbracht wird, muss jeder für sich selbst entscheiden und davon abhängig machen, was einen glücklich macht. Sicherlich ist das Glück eines der am wenigsten greifbaren Worte, da es keine allgemeingültige wissenschaftliche Definition gibt und Glück nicht direkt gemessen werden kann. Dennoch ist es das, wonach das meiste menschliche Handeln ausgerichtet ist. Denn mit jeder Entscheidung, die getroffen wird, wird sich entweder für andere oder für sich selber erhofft, etwas Gutes zu bewirken und somit anderen, beziehungsweise sich selbst, entweder in diesem Moment oder zu einem späteren Zeitpunkt, zu mehr Glück zu verhelfen.

Was ist Glück überhaupt?

Es gibt hunderte, womöglich gar tausende gute Ansätze und Definitionen. Am häufigsten wird mit Glück eine besonders gute Fügung des Schicksals assoziiert und somit ein besonders günstiger Zufall. Aber ist Glück wirklich Zufall? Die klassischen Sprichwörter wie, jeder ist seines Glückes Schmied oder Glück muss man erobern, geben zumindest Anlass, darüber nachzudenken, inwieweit jeder selbst Einfluss auf das eigene Glück hat. Jede

Kultur hat ihre eigenen Sprichwörter zum Thema Glück. So lautet ein arabisches Sprichwort, Glück besteht in der Kunst, sich nicht zu ärgern, dass der Rosenstrauch Dornen trägt, sondern sich zu freuen, dass der Dornenstrauch Rosen trägt. Oder ein südamerikanisches, wer dem Glück nachläuft, kann es selten einholen. In allen Sprichworten steckt die Wahrheit. Die eine Definition gibt es allerdings nicht. Letztendlich hat wohl jeder seine persönliche.

Glück im positiven Sinne ist genauso wie Unglück im negativen Sinne allgegenwärtig. Affirmativ ist Glück wohl irgendwie als die Summe aus allem Positiven im Leben anzusehen. Manche haben viel und sind unglücklich, andere haben wenig und sind trotzdem glücklich. Glück ist somit etwas Individuelles. Es steckt in vielen Kleinigkeiten, nur müssen auch die kleinen Dinge und Momente geschätzt werden. Je dankbarer ein Mensch ist, desto glücklicher ist er möglicherweise auch. Leider ist es unmöglich, das Glück permanent als solches wahrzunehmen, da Vieles im Leben zu selbstverständlich ist.

Beim Sport das entscheidende Tor zu erzielen und das Team zum Sieg zu führen, lässt einen glücklich sein. Dies ist auch berechtigt! Aber was, wenn in der Woche darauf die Mannschaft zwar gewinnt, aber ein anderer Mitspieler den entscheidenden Treffer erzielt? Sicher wird sich über den Sieg gefreut. Aber wird das Glück in gleichem Maße wie zuvor empfunden und wirklich die gleiche Zufriedenheit?

Jeder Mensch möchte für sich selbst das größtmögliche Glück. Jedoch kann das maximale Glück nie erreicht werden. Das maximale Glück ist gleich das absolute Glück. Das absolute Glück ist eine theoretische Marke, die in der Unendlichkeit liegt. Es umfasst alles Glück der Welt oder gar des Universums. Um es zu erreichen müsste der Mensch im Einklang mit der Natur und allem Leben sein und alles nach dem eigenen Willen laufen. Er müsste sozusagen die Geschicke anderer und der Natur lenken können, um sich selbst alles Glück der Welt zu bereiten. Dies ist nicht möglich, da kein Mensch allmächtig ist.

Selbst wenn, ist dies überhaupt erstrebenswert?

Denn oftmals entsteht erst an einem Punkt, der einen verzweifeln lässt, oder in einem Moment, in dem geglaubt wird, nicht weiterzuwissen, ein späteres größeres Glück, zu welchem es ohne vorheriges Unglück nie gekommen wäre. Daher stellt sich die Frage, ob zu viel Glück womöglich nicht zu Unglück führt? In Bezug auf das Glück ist es im Menschen leider zu sehr verankert, nach mehr zu streben. Wie Johann Wolfgang von Goethe bereits in Faust schrieb, »es irrt der Mensch, solange er strebt«.

Doch »Irren ist menschlich.«
– Römisches Sprichwort –

Das Glück ist groß, klein ist nur unser Leben.

Aufgrund der Tatsache, dass das Leben nur kurz ist und jederzeit vorbei sein kann, ist es beim Thema Glück elementar zu bedenken, dass man sterblich ist und einem nur eine begrenzte Zeit bleibt. Daher ist es umso wichtiger, das Glück in jedem Detail als solches wahrzunehmen. Glück ist zwar nicht mathematisch messbar, aber dennoch lässt sich zumindest eine Theorie aufstellen. Unter der Voraussetzung das Glück unendlich viel vorhanden, das Leben aber nur begrenzt ist, so wäre die Folge, dass niemand das absolute Glück je erreichen kann. Das Ergebnis ist, dass niemand vor dem Tod glücklich geworden ist. Somit streben Menschen nach etwas, das sie nie erreichen können, nämlich nach dem absoluten Glück. Es ist in gewisser Weise die Ironie der menschlichen Existenz, dass man immer mehr Glück möchte, sich dabei aber immer wieder selbst im Wege steht, weil nie genug vom Glück bekommen wird, wodurch der Mensch in der Konsequenz wieder unglücklicher wird.

Wie schaffen es Menschen aber nun, glücklich zu sein und ein zufriedenes Leben zu führen? Denn schließlich ist jeder Mensch zu einem bestimmten Zeitpunkt glücklich gewesen. Diese Art von temporärem Glück ist als relatives Glück zu bezeichnen. Sei es ein gemütlicher Abend im Kreise seiner Familie, ein kleiner Erfolg im Beruf, mit Freunden abzuhängen und Späßchen zu machen, oder insbesondere die Liebe. Dies alles sind angenehme Augenblicke, die zwar temporär sind, sich aber im Laufe des Lebens immer wieder auf jede erdenkliche Weise wiederholen.

Daher ist das relative Glück für Menschen wichtiger als das absolute Glück. Denn während das absolute Glück nur eine theoretische Barriere ist, die irgendwo in der Unendlichkeit liegt, ist das relative Glück das, was das Leben lebenswert macht und wodurch die Aussage, dass niemand vor dem Tod glücklich geworden sei, falsifiziert werden kann.

Die Problematik des Glücks kann exemplarisch anhand einer im Leben unverzichtbaren Sache deutlich gemacht werden, nämlich der Nahrung.

Im Kontext Nahrung bedeutet das relative Glück satt zu sein und keinen Hunger zu leiden. Für viele Menschen wäre dies in ihrer Vorstellung wohl leider auch das absolute Glück. Den meisten Menschen reicht es aber nicht aus, satt zu sein, sie möchten das verzehren, was ihnen schmeckt und worauf sie Lust haben. Daraus resultierend folgt, dass es nicht nur genügt, keinen Hunger zu haben und satt zu sein, sondern es immer mehr darum geht, zu essen, was einem mundet. Heute Brot, morgen Fleisch und übermorgen Hummer. Wenn sich erst einmal an etwas gewöhnt worden ist, möchte niemand einen Schritt zurückgehen. Im Gegenteil, immer mehr und Besseres haben. Es ist der klimatische Aufbau des Glücks, der einen unglücklicher werden lässt. Eigentlich wird zwar keiner wirklich unglücklicher, sondern ab einem gewissen Punkt nur nicht mehr, mehr glücklich.

Wie kann das relative Glück erkannt und es geschafft werden, das relative Glück für einen selbst als absolutes wahrzunehmen?

Dafür sollte sich zunächst eingestanden werden, dass jenes absolute Glück, im Sinne der Unendlichkeit, nie erreicht werden kann. Außerdem ist es unerlässlich zu akzeptieren, dass es Glück nicht nur im positiven Sinne, sondern auch Unglück im negativen Sinn gibt. Unglück meint, alles Schlechte, alles, was sich so nicht so vorgestellt worden ist, alles, was einem das Leben schwerer macht.

Ein sehr bekanntes Sprichwort ist, des einen Glück ist

des anderen Leid. Leid ist nicht als körperliches Leid zu verstehen. Im Kontext meint das Sprichwort lediglich, wo es Gewinner gibt, da gibt es auch Verlierer. Da mal gewonnen und mal verloren wird, so hat jeder auch mal Glück und mal Unglück. Wenn es einem Menschen gerade sehr gut geht und alles nach Plan läuft, ist es einfach zufrieden und glücklich zu sein. Entscheidender ist es, auch aus dem unausweichlich Negativen, was das Leben bereithält, und somit aus dem eigentlichen Unglück noch das Positive mitzunehmen.

Glück lässt sich wie eine Waage vorstellen, die immer hin und her schwenkt zwischen Glück und Unglück. Gelegentlich besteht nicht einmal ein Einfluss darauf, auf welche Seite die Waage ausschlägt. Auf viele Faktoren können wir als Mensch selbst gar nicht einwirken, sei es aufgrund des Verhaltens oder der Entscheidung anderer Menschen, die vielleicht wiederum selbst in Abhängigkeiten von anderen Menschen sind, aufgrund der Natur, eines Zufalls oder wegen Schicksalsschlägen.

Im Umgang mit den Schattenseiten des Lebens, die nun einmal dazugehören, trifft jeder für sich die Entscheidung darüber, wie man damit umzugehen vermag. Es ist möglich, das Gewicht der Waage zu verringern oder schwerer zu machen, sowohl auf der einen als auch auf der anderen Seite. Glück und Unglück befinden sich kontinuierlich in einem natürlichen Wettstreit. Es kann sich wie ein Tauziehen vorgestellt werden. Ohne Glück gibt es kein Unglück und ohne Unglück kein Glück. Zusammenfassend bedeutet das für das Glück, dass es sich wie Ying und Yang erklärt werden kann. In dem sich kein unnötiger Ballast auf die Unglücksseite gepackt wird, das relative Glück auch als Glück wahrgenommen wird, sowie dauerhaft kleine Annehmlichkeiten des Lebens als nicht selbstverständlich angesehen und diese erkannt werden, kann sich beständig etwas auf die Glücksseite gepackt werden. Auf diese Weise kann für eine gute Balance auf der Glückswaage gesorgt werden und diese ausgewogen bis hin zu überdurchschnittlich glücklich gehalten werden.

Zur besseren Wahrnehmung, Einschätzung und Erklärung des relativen Glücks gibt es verschiedene Möglichkeiten und Theorien.

Ein Ansatz ist die Zyklustheorie.

Danach ist das Glück eines Menschen vom theoretischen System her vergleichbar mit dem globalen Konjunkturzyklus. Es gibt als Variablen zum einen die Zeit und zum anderen das absolute Glück. Das absolute Glück ist definiert als unendlich und die Zeit wird begrenzt durch den Tod, der aber ebenfalls unbegrenzt definiert bleibt, da in der Regel niemand wissen kann, wann der Tod eintritt. Das relative Glück ist der Wachstumstrend, der während des ganzen Lebens stetig steigt, allerdings Höhen und Tiefen hat. So gibt es im Leben einen Aufschwung, wenn es eine bestimmte Zeitlang besonders gut läuft, bis hin zu dem Punkt, an dem es schlechter läuft. Es folgt ein Abschwung des Glücks.

Der Punkt, an dem sich der Aufschwung zum Abschwung vollzieht, heißt Glücksboom. Dieser Punkt stellt das temporär höchste Glück dar. Der Punkt, an dem sich der Abschwung wieder zum Aufschwung entwickelt und das temporär größte Unglück liegt, heißt Glücksdepression. Danach geht es wieder bergauf.

Eine Besonderheit ist es, wenn sich jemand eine längere Zeit im Glücksboom befindet. In der Vorstellung ist es ja lediglich ein Punkt, in dem Aufschwung zu Abschwung wechselt. Wenn Glück an einem Punkt des Booms stagniert, bedeutet dies eine Hochglücksphase. Auch wenn sich jeder Mensch gerne durchgehend in Hochglücksphasen befinden würde, ist das nicht möglich.

Der Ansatz des Glückszyklus dient als Indikator zur Einschätzung des persönlichen Glücksstatus. Dieser soll primär zum Ausdruck bringen, dass es immer Höhen und Tiefen gibt und das Glück ein normaler Prozess ist, der natürlichen Schwankungen unterliegt. Allerdings hat jeder als einzelner Mensch im Gegensatz zum globalen Konjunkturzyklus, auf dessen schematischer Basis der Glückszyklus aufbaut, als Individuum direkten Einfluss darauf. Zum einen sowohl speziell auf seinen eigenen Zyklus als auch auf den von anderen Menschen, da jeder mit seinem sozialen Handeln im Stande ist, diesen maßgeblich zu beeinflussen. Der Glückszyklus ist in der Folge ein Instrument, um sich, bei selbstkritischer Reflexion, darüber klar zu werden, in welchem Stadium sich aktuell in seinem Leben befunden wird.

Es ist wichtig, oft darüber nachzudenken, in welcher Phase sich aufgehalten wird; wenn diese der eines Aufschwung gleichkommt, sollte überlegt werden, welche Faktoren dafür sorgen und es begünstigen, dass dem so ist und wie diese Faktoren verfestigt und ausgebaut werden können, um lange im Aufschwung zu bleiben. Dennoch ist es unvermeidbar, dass es auch wieder zu einem Abschwung kommt.

Wird zu der Selbsteinschätzung gelangt, sich in einem

Abschwung zu befinden, muss sich die Frage gestellt werden, warum dies der Fall ist und nach den Ursachen gesucht werden. Daraufhin sollte eruiert werden, welche Möglichkeiten dagegen unternommen werden können, um den Prozess wieder in einen Aufschwung des Glücks umzuleiten. Denn Einsicht ist der erste Schritt zur Besserung eines Zustandes. Wer sich bewusst ist und damit auseinandersetzt, wieso man nicht glücklich ist, beziehungsweise nicht so glücklich, wie man es gerne wäre, kann im Prozess der Ursachenforschung konstruktiv nach Lösungen gesucht werden, um sich in Zukunft wieder glücklicher zu fühlen.

Dass es auch Rückschläge geben wird und erneut in einen Abschwung des Glückes gefallen wird, ist unabdingbar. So geht der Zyklus weiter.

Ein weiterer Ansatz ist die Betrachtung der Außenwirkung.

Gelegentlich sollte sich vor Augen geführt werden, wie andere Menschen einen wahrnehmen. Die eigene Selbstwahrnehmung und die Außenwirkung können völlig verschieden sein. Halten andere einen für glücklich? Obwohl du es vielleicht gar nicht bist, kannst du auf andere trotzdem den Eindruck erwecken, glücklich zu sein. Bei Menschen, die eine selbstbewusste Persönlichkeit und ein souveränes Auftreten haben, kann das fälschlicherweise mit Selbstzufriedenheit und Glücklichsein missverstanden werden. Jeder sendet selbst unterbewusst mitunter falsche Signale, weswegen es daher allen Menschen so geht, dass das Wohlbefinden und der Gemütszustand von anderen oftmals völlig falsch eingeschätzt wird. Irrtümlicherweise halten wir andere Menschen in der Regel daher für zufriedener, als sie es eigentlich sind.

»Man will nicht nur glücklich sein, sondern glücklicher als die anderen. Und das ist deshalb so schwer, weil wir die anderen für glücklicher halten, als sie es sind.«

– Charles Louis de Montesquieu –

Es ist sehr oft der Fall, dass gerade das von anderen Menschen begehrt wird, was man im Augenblick selbst nicht hat. Wer Geld hat und ein aufregendes Leben führt, sehnt sich nach Liebe und Ruhe. Umgekehrt wird irgendwann alles zu selbstverständlich, der Drang nach Abwechslung und Aufregung entsteht, da etwas erlebt werden möchte. Sobald es um andere Menschen geht, werden sich selbstverständlich Gedanken darüber gemacht, wieso, weshalb und warum die Personen glücklich rüberkommen. In diesem Moment wird nur die eine Seite der Medaille gesehen. Und zwar diejenige, die glänzt. Man erkennt die Vorteile, aber verkennt die Nachteile.

Es ist natürlich, dass es den Menschen danach dürstet zu haben, was man selbst nicht hat. Einfach weil jeder eine gewisse Abwechslung oder zumindest neue Reize braucht. Daran ist freilich nichts auszusetzen. An dieser Stelle sollte sich aber jedenfalls selbst hinterfragt werden. Was möchtest du eigentlich mehr? Alles hat seine Vor- und Nachteile und jeder Mensch sein Päckchen zu tragen. Durch die Beantwortung der Frage, danach was du mehr möchtest, kann gut eingeschätzt werden, was du vielleicht schon erreicht hast. Ist dies der Fall, dann sollte an diesem Punkt das Leben auch genossen werden können und es nicht nur an sich vorbeiziehen gelassen werden. So kann es möglicherweise eine Option werden, nicht nach dem zu begehren, was man nicht hat, sondern das zu schätzen, was man hat. So ist es entscheidend, in der Zukunft Ziele, Träume und Wünsche zu haben, ohne dabei den Wert der Gegenwart aus den Augen zu verlieren. Zukunft ist Vergangenheit. Doch letztendlich findet das Leben in der Gegenwart statt.

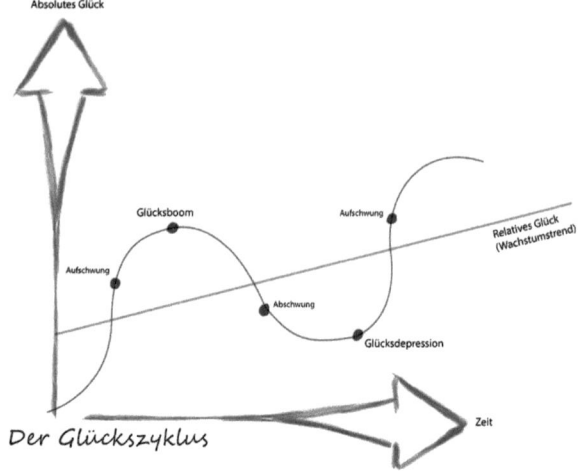

Absolutes Glück

Glücksboom

Aufschwung

Aufschwung

Relatives Glück
(Wachstumstrend)

Abschwung

Glücksdepression

Der Glückszyklus

Zeit

Kapitel 2:
Über das Wahrnehmen und den richtigen Umgang mit der Zeit

Der Prozess des Fortschreitens der Gegenwart, von der Vergangenheit kommend, in Richtung Zukunft ist unaufhaltsam. Die Zeit entflieht somit unausweichlich. Die Wahrnehmung dessen, was wir als Zeit bezeichnen, ist subjektiv. Jeder Mensch nimmt einen Moment anders wahr, obwohl die Zeit für jeden auf der Erde objektiv gleich schnell verläuft. Der eine empfindet einen Augenblick wie eine Ewigkeit, während er für andere nur so verfliegt.

Im Bewusstsein der Menschen verläuft die Zeit seit jeher konstant fließend. An dieser Stelle sollte bedacht werden, dass alles miteinander verbunden ist. Vergangenheit, Gegenwart und Zukunft befinden sich in einer engen Abhängigkeit voneinander. Die Vergangenheit nimmt Einfluss auf die Gegenwart, während gleichzeitig bereits die Zukunft auf die Gegenwart einwirkt.

Aufgrund der Vergangenheit werden Entscheidungen in der Gegenwart getroffen, die in der Zukunft liegen, woraufhin der Lauf der Dinge ausgerichtet wird. Somit wirkt ein Plan für ein Ereignis, welches in der Zukunft stattfinden soll, in seinem Effekt wie ein Bumerang zurück in die Gegenwart hinein, da das Leben auf dieses ausgerichtet wird. Es kann etwas eigentlich Unbedeutendes sein, wie sich eine Sportveranstaltung in drei Tagen anzuschauen oder aber einen Abschluss in drei Jahren zu machen. Letztendlich wirken Ereignisse durch den Plan, diese durchzuführen, von der Zukunft aus gesehen rückwirkend auf die Gegenwart ein.

Wir treffen millionenfach Entscheidungen und verwerfen sie wieder. Alles wird noch nicht einmal von unserer Psyche wahrgenommen, da vieles direkt wieder verworfen wird. Während des Fortschreitens der Zeit können in der Gegenwart Entscheidungen verworfen, abgeändert und korrigiert werden, gar ganz neue Wege eingeschlagen werden. Daraus resultierend folgt eine Abänderung der Zukunft. Dies belegt den freien Willen des Menschen, da wir stetig in der Gegenwart unsere Zukunft verändern können. Daher ist unser Schicksal nicht vorbestimmt und kein Glück, sondern lediglich die Abfolge aus Entscheidungen, die wir selbst treffen aufgrund von der Symbiose zwischen Vergangenheit und Zukunft.

Einst existierte eine andere Zeitwahrnehmung wie heute. Zeit war weder eine physikalische Größe, noch verlief sie in der Weltanschauung der Menschen linear. Es gab den Sonnenaufgang und den Sonnenuntergang, womit der Tag begann und endete. Die Menschen hatten keine Einteilung in Stunden und Minuten. Die Zeit war abhängig von natürlichen Begebenheiten und folgte dem natürlichen Rhythmus und somit dem ewigen Kreislauf. Wenn im Sommer die Tage länger waren, hatte man eben mehr Zeit und im Winter, wenn die Tage kürzer sind, weniger.

Jahrtausende lang gab es Versuche die Zeit genauer einzuteilen. Die ersten Versuche waren nicht exakt und ausschließlich abhängig von der Natur. Die Entwicklung der Zeiteinteilung begann bereits im alten Ägypten mit den Sonnenuhren. Es folgten Wasser- und Kerzenuhren sowie astronomische Uhren, um Abschnitte genauer einzuteilen. Erst mit der mechanischen Uhr wurde ein Medium geschaffen, um die Zeit naturunabhängig anzuzeigen. Dabei wird die Zeit für jeden von ihrer Dauer her zwar als gleich vorausgesetzt, vergessen wird dabei aber das subjektive Empfinden.

Obwohl die Zeit von ihrem Wesen her eigentlich fortlaufend konstant zu sein scheint, wie kann es dann passieren, dass bestimmte Momente, Stunden oder sogar Tage nur so entschwinden, während es gelegentlich umgekehrt ist. Bei all den zahlreichen Techniken, die entwickelt wurden, um Zeit immer präziser bestimmen zu können, ging es einzig und alleine darum, ein System einzuführen, um das Leben der Menschen in seinem Ablauf planbarer und greifbarer zu machen. Woher sonst soll ein Mensch wissen, zu welchem Zeitpunkt er an welchem Ort sein soll, um wie viel Uhr die Arbeit beginnt oder sich verabredet worden ist? Die Einführung der Zeit ist eine der wertvollsten Errungenschaften, um das Leben besser gestalten zu können. Anhand der Einführung der modernen Zeitrechnung lässt sich womöglich erklären, weshalb insbesondere seitdem die Anzahl an Fortschritt und Entwicklung enorm gestiegen ist.

Die Wahrnehmung der Zeit ist komplex. Der entscheidende Faktor ist das Bewusstsein. Das Zeitempfinden ist abhängig von einer Menge an verschieden Faktoren. Um nur einige aufzugreifen; zum einen besteht ein großer Zusammenhang damit, ob einem etwas Spaß macht. Tätigkeiten, die einem Freude oder Erholung bereiten, neigen dazu schneller vorüberzugehen als diejenigen, die lästig sind oder eine Pflicht darstellen. Dies liegt daran, dass ein objektiver Vorgang, der eine geistige oder körperliche Anstrengung erfordert, in der Vorstellung der Menschen einfach langsamer vergeht. Im Gegensatz dazu vergehen Momente, in denen eine Aktion durchgeführt wird, die als positiv wahrgenommen wird, schneller. Wenn etwas Positives geschieht oder als angenehm empfunden wird, kann sich entspannt werden, daher muss einfach nicht viel nachgedacht werden. Warum es so scheint, als ginge die Zeit schneller vorbei, lässt sich bislang nicht eindeutig beantworten.

Außerdem ist das Zeitgefühl ein anderes, wenn etwas getan wird, das schon häufig aus Routine gemacht worden ist, da der Ablauf derselbe oder ein ähnlicher ist. So wird es als selbstverständlich angesehen und im Gehirn müssen keine oder zumindest nicht viele Denkprozesse angeregt werden, da lediglich gespeicherte Erinnerungen abgerufen werden.

Zeit ist bisweilen das bedeutsamste Gut der Menschheit, da sie jeder in gleichem Maße hat, alle immer mehr von ihr wollen, aber meistens keiner welche hat. Was wäre, wenn man sich Zeit kaufen könnte? Was, wenn man zwischen Zeit und Geld wählen müsste?

Im Prinzip wird fast jeder, ab dem Kindesalter, dazu erzogen, sich dieser Frage auszusetzen, ohne dass im Geringsten als Kind die Tragweite dieser Frage begriffen werden kann. Es heißt immer, man solle schön lernen, damit etwas aus einem wird. Jeder, der an seine Kindheit denkt, wird diesen Satz mindestens schon einmal gehört haben. Doch wer ist sich als Kind schon im Klaren darüber, worum es bei der Aussage wirklich geht. Nämlich darum, wie viel Geld später einmal verdient wird. Je mehr Wissen sich durch Lernen angeeignet wird, desto schlauer sei das Kind. Dementsprechend bekommt man nach dem Ende der Schule einen möglichst guten Ausbildungs- oder Studienplatz. Dort beginnt dasselbe Spiel von vorne, schön viel lernen, um danach einen Job zu bekommen, viel zu arbeiten und in der Folge gut Geld zu verdienen.

Es gibt den bekannten Spruch Zeit ist Geld. An diesem ist etwas Wahres dran, weil es auf jeden Menschen zutrifft, da so gut wie ein jeder Zeit investiert, um entsprechend Geld zu verdienen. Bis auf die wenigen, die es geschafft haben, dass sie das Geld mit der Zeit für sich arbeiten lassen können, zieht sich die Frage nach mehr Geld oder mehr Zeit durch das Leben der meisten Menschen hindurch. Es gibt immer wieder Möglichkeiten, Größeres anzugehen. Seien es Aufstiegschancen, neue Karrieremöglichkeiten oder die Selbstständigkeit. Nur darf der richtige Zeitpunkt nicht verpasst werden und es muss die Gelegenheit ergriffen werden, wenn sie sich ergibt. Dazu gehört sowohl Risikobereitschaft als auch ein Quäntchen Glück.

Die Frage nach mehr Zeit stellt sich für die meisten Menschen allerdings gar nicht. Da fast ein jeder in finanziellen Abhängigkeiten oder anderweitigen Verpflichtungen ist, wie für die Kinder zu sorgen, Rechnungen und Kredite abzubezahlen, oder lediglich sich selbst über die Runden zu bringen, ist dementsprechend zumeist keiner in der Position, wirklich zwischen Zeit und Geld abzuwägen. Vielmehr kommt die Frage nach mehr Zeit eher einem Wunsch oder sogar einer Sehnsucht gleich.

»Der Mensch opfert seine Gesundheit, um Geld zu machen. Dann opfert er sein Geld, um seine Gesundheit wiedererlangen. Und dann ist er so ängstlich wegen der Zukunft, dass er die Gegenwart nicht genießt; das Resultat ist, dass er nicht in der Gegenwart lebt; er lebt, als würde er nie sterben, und dann stirbt er und hat nie wirklich gelebt.«

– Dalai-Lama –

Die Antwort auf die Frage, ob Zeit gekauft werden kann, ist einfach zu beantworten. Wie soll sich etwas gekauft werden können, das allgegenwärtig ist. Die Lösung findet sich in einem bekannten Sprichwort. Zeit hat man nicht, die nimmt man sich für das, was einem wichtig ist. Dies ist zumeist leichter gesagt als getan. Dennoch besteht kein Zweifel daran, dass es wichtig ist, sich Qualitätszeit zu gönnen. Und zwar mit denjenigen Menschen, die einem wichtig sind; sei es für die Familie oder für Freunde, es ist wichtig, sich die Zeit zu nehmen, um das Leben mit den Personen genießen zu können, die einem am Herzen liegen.

Tatsächlich ist es äußerst bizarr, dass sich so viel auf der Erde um etwas dreht, auf das wir weder Einfluss nehmen können, geschweige denn, dass wir es wirklich verstehen. Durch immer höhere Geschwindigkeiten im Bereich der Fahrzeug-, Flug- und Schifffahrtindustrie, sowie durch die Digitalisierung, befinden wir uns zwar in der Lage, immer größere Mengen von Gütern und Daten immer schneller zu versenden, doch dabei geht es stets um Technik, die dafür verantwortlich ist, dass dies in kürzerer Zeit gelingt. Die Zeit als solches hat der Mensch noch lange nicht begriffen. Einstein selbst hat die Zeit einst im Rahmen seiner Relativitätstheorie als »Illusion, wenn auch eine hartnäckige« beschrieben. Daher ist es angebracht darüber nachzudenken, ob Zeit überhaupt so existiert, wie wir denken, und der Mensch das richtige Verständnis von Zeit hat?

Dennoch ist die Zeit ein wichtiges Werkzeug, um sich im Leben zurechtzufinden. Es ist bedeutsam, darauf zu achten, sich nur nicht ausschließlich von Zeit abhängig zu machen, da sich nicht das Leben um die Zeit, sondern sich die Zeit, aufgrund der Kürze und Endlichkeit, um das Leben drehen sollte.

Die Erde kreist immer weiter und der Mensch muss, auch wenn es heißt, er sei ein Gewohnheitstier, lernen, sich anzupassen. Zum einen an natürliche Begebenheiten, zum anderen an gesellschaftliche Veränderungsprozesse. Die Zeiten verändern sich, und wir uns ständig mit ihnen. Im Laufe des Lebens vollzieht sich bei jedem Menschen eine Entwicklung. Diese Entwicklung sorgt dafür, dass sich eine Person stetig verändert. Jede gemachte Erfahrung sorgt im Grunde genommen dafür, dass das eigene Verhalten angepasst wird, und nimmt folglich Einfluss darauf, wie mit potenziellen neuen Situationen umzugehen ist.

Daher ist jedes Erlebnis prägend. Während Reflexe und Instinkthandlungen angeboren sind, erwirbt ein Mensch im Leben jederzeit neue Erfahrungswerte, die auf das Verhalten einwirken. Aus allen Erfahrungen wird gefiltert, was gut und was schlecht war. Aufgrund dieser wird versucht, dafür zu sorgen, dass es in Zukunft besser wird. Der eine Mensch lernt schnell aus seinen Erfahrungen, bei manchen dauert die Lernphase länger. Dennoch lernt jeder auf seine Art und Weise, die Vergangenheit zu verarbeiten, um sich für die Zukunft zu wappnen. Das Wichtigste allerdings ist, dass aus den eigenen Fehlern gelernt wird. Diese gehören unausweichlich zum Leben dazu, denn kein Mensch ist perfekt. Entscheidend ist daher, die stetige Arbeit an sich selbst und seiner eigenen Persönlichkeit.

»Es hat nichts Edles, sich seinen Mitmenschen überlegen zu fühlen. Wahrhaft edel ist, wer sich seinem früheren Ich überlege fühlt.«

– Ernest Hemingway –

Nicht nur jedes Individuum verändert sich während des Lebens. Jede Kultur, jedes Land sowie jede Region hat im Laufe der Zeit diverse Eigenarten und Gewohnheiten entwickelt. Ein passendes Beispiel ist wohl das Thema Sprache, die sich stetig im Wandel befindet und sich immer wieder neu erfindet, durch neue Worte und kleine Veränderungen. Nicht von einem auf den anderen Tag, aber im Laufe der Zeit. Jede Epoche hat bestimmte Trends gesetzt, die als Meilensteile in der menschlichen Entwicklung anzusehen sind. Manche Trends kehren mit der Zeit wieder, andere sind für immer verschwunden. Die Vergangenheit betreffend lernt die Menschheit leider nur zu wenig aus bestimmten Entwicklungen, da nicht die richtigen Schlüsse gezogen werden und sich so die Geschichte oftmals leider wiederholt.

»Die Geschichte lehrt die Menschen, dass die Geschichte die Menschen nichts lehrt.«

– Mahatma Gandhi –

Was ist nun mit der Zeit anzufangen?

Es ist exorbitant wichtig, Ziele zu haben. Besonders tragisch ist es, gar keine zu haben, denn ohne Ziele zieht die Zeit nur so an einem vorbei. Ziele sind nichts anderes als ein geplanter Erfolg zu einem bestimmten Zeitpunkt. Zwar ist es nicht möglich, im Leben alles zu planen, und es wird auch nie alles nach Plan laufen. In der Folge kann nicht jedes sich gesteckte Ziel erreicht werden. Dies ist auch kein Problem, denn wer weiß schon, wofür es gut war. Manchmal muss erst an etwas gescheitert werden, damit etwas Größeres entstehen kann. Allerdings steht ein erreichtes Ziel für einen Erfolg, welcher sich durch investieren von Zeit verdient worden ist.

Es ist notwendig, auf etwas hinzuarbeiten, denn somit wird mit der Zeit etwas Sinnvolles angefangen. Dabei ist nicht nur das Ziel das Ziel. Ein Ziel ist bereits erreicht, indem begonnen wird, an sich zu glauben, und es angegangen wird, seine Träume und Wünsche, die sich in den Kopf gesetzt worden sind, wirklich in die Realität umzusetzen. Denn sobald der erste Schritt in die Richtung getan ist, die eigenen Träume tatsächlich zu verwirklichen, wird sich auf dem Weg zum Ziel befunden. Und bekanntlich ist der Weg ja ebenfalls das Ziel. Oftmals wird der Weg aber nicht positiv genug wahrgenommen und zu wenig gewürdigt, da er lediglich als das notwendige Übel angesehen wird, weil außer dem ans Ziel zu gelangen alles andere vergessen wird. Dies stellt einen fatalen Fehler dar, denn es macht das Leben deutlich leichter, nicht nur geradeaus, sondern auch links und rechts zu schauen. Möglicherweise befindet sich ja irgendwo eine Abkürzung oder gar ein gepflasterter Weg statt dem Sand, durch den gelaufen wird.

Dennoch ist zu beachten, zu oft nur im Sinn zu haben, das nächste Projekt zu vollenden und ein neues Vorhaben zu erreichen. Nach dem einen Ziel folgt das nächste. Es ist zwar entscheidend, Ziele zu haben, dabei ist aber zu bedenken, nicht nur rastlos von Etappe zu Etappe zu gelangen. Das Leben ist kein Radrennen. Bei allen Zielen und Absichten, die verfolgt werden, sollte darauf geachtet werden, dass die Zeit einem nicht durch die Finger gleitet, denn sonst wird eines Tages aufgewacht und sich gefragt, wo die Zeit nur geblieben ist.

Zu häufig wird die Zeit auch vergeudet, in dem sich mit Dingen beschäftigt wird, die lediglich dazu da sind, einem die Zeit zu rauben. Speziell heute in der Zeit, in der wir leben, sind es Medien, wie der Fernseher und Spielekonsolen, die zu viel Lebenszeit stehlen. Stunden vergehen wie Minuten und in der Folge entschwindet Lebenszeit, wie wenn ein Film nach vorne gespult wird. Nur dass es kein Film ist, sondern das eigene Leben. Und wer will schon sein eigenes Leben im Eilformat ablaufen lassen? Es ist nichts daran auszusetzen, sich dieser neuen Medien zu bedienen, doch sollte bedacht werden, dass das Leben nicht in einer virtuellen Welt stattfindet, sondern da draußen.

Die Zeit kann ein Freund sein, aber ebenfalls auch der allergrößte Feind. Zeit löst Probleme und schafft genauso welche. Zeit heilt alle Wunden, so sagt man. Egal wie, auf die Zeit als solches kann kein Einfluss genommen werden. Was jeder mit seiner Zeit anfängt, kann allerdings sehr wohl selbst entschieden werden. Das Rad der Zeit wird sich dennoch immer weiterdrehen. Es ist das Einzige, woran kein Mensch etwas ändern kann.

»Es ist nicht zu wenig Zeit, die wir haben, sondern es ist zu viel Zeit, die wir nicht nutzen.«

– Lucius Annaeus Seneca –

Das meiste ist von Zeit abhängig. Außer der Liebe. Sie kann dafür sorgen, dass Zeit und Raum vergessen werden. Auch wenn sie gelegentlich Zeit braucht, um sich zu entwickeln, geschieht sie in dem Moment und kann dafür sorgen, dass die Zeit stillzustehen scheint.

Kapitel 3:
Liebe besiegt alles

Liebe existiert zum einen im engeren und weiteren Sinne sowie im Familiären. Im engeren Sinn handelt es sich um den klassischen oder auch sexuellen Liebesbegriff, dass zwei fremde Menschen Gefühle füreinander entwickeln und sich verlieben. Im weiteren Sinn bedeutet Liebe aber auch, Sachen oder Dinge lieben zu können. Auf eine andere Weise, aber es wird sich mit diesen emotional verbunden gefühlt. So kann auch ein Haustier oder ein Verein ins Herz geschlossen werden sowie sein Hobby geliebt werden. Die familiäre Liebe ist ebenfalls eine sehr starke Form, hat aber ein Alleinstellungsmerkmal, da sich die eigene Familie nicht ausgesucht werden kann, lediglich mit wem die eigene gegründet wird.

Nicht jede zwischenmenschliche Beziehung basiert auf Liebe. Oftmals interagieren wir im Alltag mit Leuten, die wir gar nicht mögen, gelegentlich sind wir sogar dazu verpflichtet, mit antipathischen Menschen Kontakt zu pflegen. Sei es aufgrund von sozialen Zwängen, wie dass sich seine Arbeitskollegen nicht ausgesucht werden können oder dass potenzielle Geschäftspartner nicht nach Sympathie gewählt werden, sondern nach dem Nutzen und der fachlichen Qualifikation für das eigene Unternehmen. Bei der Mehrzahl der Menschen, die uns begegnen, entsteht erst gar keine tiefere Verbindung, sondern eher ein neutrales, auf die Sache bezogenes Verhältnis.

Dennoch befindet sich zu jeder Zeit und überall, sei

es auf der Arbeit, beim Einkaufen, wenn man auf der Straße aneinander vorbeiläuft, während des ersten Blickkontaktes oder nachdem sich bereits mehrere Jahre gekannt wird, in jeder sozialen Beziehung, die freiwillig zu einem anderen Menschen geführt wird, zumindest theoretisch das Potenzial zur Liebe. Man kann nie wissen, wie lange es dauert, bis der Funke überspringt oder sogar das Feuer der Liebe neu entfacht wird. Man kann nie wissen, wann eine neue Person in das Leben eintritt, mit der irgendwie ein unsichtbares Band dafür zu sorgen scheint, dass sich verstanden wird. Dieses unsichtbare, aber doch irgendwie magische Band bringt die zwischenmenschliche Beziehung auf eine höhere Ebene.

Sympathie bedeutet nicht zwangsläufig sexuelle Anziehung, schließlich hat jeder seine Freunde auch gerne. Sie sind zwar sympathisch, das bedeutet aber nicht, dass die Folge ist, gleich mit ihnen ins Bett springen zu wollen. Dort wird sich zumeist auf einer etwas oberflächlicheren, nicht so stark ausgeprägten emotionalen Ebene bewegt. Jedenfalls meistens.

Im Allgemeinen kann aus Sympathie aber Zuneigung werden. Dieser Schritt ist belangvoll, da ab diesem Status der sozialen Beziehung mindestens eine von beiden Personen, aus dem normalen gesellschaftlichen sich mögen heraus beginnt, tiefergehende Gefühle zu entwickeln, und es sich zu einem für die andere Person Schwärmen entwickelt. Aus Zuneigung wiederum entsteht möglicherweise das Bedürfnis nach körperlicher Nähe, woraus Liebe entstehen kann. Folglich stellt Sympathie den ersten Schritt und Zuneigung den nächsten dar. Beide sind ein notwendiges Durchgangsstadium zur Liebe.

Besonders schwierig wird es ab dem Punkt, an dem begonnen wird, einem anderen Menschen Vertrauen zu schenken. Denn wenn das Herz geöffnet und jemand hineingelassen wird, so wird sich der anderen Person ausgeliefert, sowohl emotional wie auch körperlich. Jeder Mensch hat unterschiedliche Lebens- und Liebeserfahrungen gemacht und darin, anderen Menschen Vertrauen zu schenken. Dadurch bildet jeder eine andere Vertrauensgrundlage aus. Manche wurden viel verletzt und andere selten. Bei zwei verschiedenen Menschen kann niemand zu einhundert Prozent sicher sein. Dadurch ist Vertrauen vergleichbar mit einer zarten Pflanze, die wachsen muss und stetige Fürsorge braucht. Vertrauen ist der Wille, sich verletzlich zu zeigen, und dies ist in der Liebe unabdingbar. Dieses aufzubauen ist mühsam und erfordert Mut. Einige haben Angst davor, sich einer Person zu öffnen und das Innere der Seele preiszugeben. Verständlicherweise, indem sich geöffnet wird, wird sein Herz in die Hände des anderen gelegt und Angriffsfläche geboten.

»Der beste Beweis der Liebe ist Vertrauen.«

– Joyce Brothers –

Moralische Werte wie Vertrauen, Loyalität und Treue sind nur in der Sprache des Herzens zu finden. Deshalb ist es essenziell, das eigene Empfinden zu äußern und auszusprechen. Viel zu oft wird das Verhalten von anderen nur interpretiert. Daraufhin ist man schlichtweg beleidigt. Allerdings nur aufgrund seiner eigenen Gedanken. Denn woher soll ein anderer Mensch wissen, was für ihn empfunden, gefühlt und wie über ihn gedacht wird, wenn seine eigenen Gefühle nicht zum Ausdruck gebracht und sie nur für sich behalten werden.

Aufgrund negativer Erfahrungen wird versucht, sich selbst zu schützen, indem um sich herum eine Mauer aufgebaut wird. Dies ist ein einfacher Mechanismus, um nicht zu schnell verletzt zu werden. Sie dient als Gefahrenabwehr vor Leuten, die einen verletzen könnten oder gar ausnutzen wollen. Also werden die meisten Menschen auf Distanz gehalten. Die Mauer dient am Ende keinem anderen Zweck, als es den anderen nicht zu einfach zu machen, bis zum eigenen Herzen durchzudringen. Dadurch wird sich erhofft, dass wirklich nur Menschen, die es sich wert sind, diesen beschwerlichen Weg auf sich zu nehmen, einen wirklich erreichen können. Das eigene Herz zu schützen ist teilweise gut, denn es darf nicht alles und vor allem nicht jeder an sich herangelassen werden, sonst verzweifelt der Mensch daran.

Aber es ist Vorsicht geboten, denn wenn die Mauer um das eigene Herz zu stark befestigt ist und wirklich niemanden die Chance gegeben wird, sie einzureißen, wird ein Leben in Einsamkeit riskiert. Gefühle zuzulassen und das Leben mit einem Menschen zu teilen, ist eine der wertvollsten Erfahrungen. Gemeinsame Erlebnisse verbinden und all das, was gemeinsam erlebt wird, sorgt dafür, zu einem Teil des anderen zu werden. Sicherlich werden bestimmte Erlebnisse bereut und auf so manch gebrochenes Herz hätte gut und gerne verzichtet werden können. Doch es sollte nie etwas bereut werden, das einen wirklich glücklich gemacht hat. Denn ungeachtet dessen ist es die Liebe, die das Leben lebendig macht und den Menschen menschlich sein lässt.

»Die Liebe ist das Gewürz des Lebens. Sie kann es versüßen, aber auch versalzen.«

– Konfuzius –

Dies wird sich auch nie ändern, denn jede gute oder auch schmerzhafte Erfahrung von Liebe wird in irgendeiner Weise mitgenommen. Sie wird tief im Herzen getragen und im Unterbewusstsein lebt die Liebe weiter. Wieso sonst kann es passieren, dass es oftmals ein spezielles Verhältnis ist, wenn auf eine verflossene Liebe getroffen wird?

Auch wenn sich lange nicht gesehen wurde und möglicherweise sich beide verändert haben, andere Partner hatten oder sogar noch haben, wird in diesem Moment zumeist an das Positive zurückgedacht. Ein Mensch, der einem gezeigt hat wie sich Liebe anfühlt, wird nie vergessen. Durch die gemeinsame Verbindung in der Vergangenheit entsteht bei einem Wiedersehen oftmals schnell ein Gefühl angenehmer Vertrautheit. Häufig werden dabei das Negative und Enttäuschungen einfach ausgeblendet. Trotzdem ist es besser, Liebe zu empfinden und dafür Enttäuschungen zu erleiden, als gar nicht zu lieben.

Die Liebe bietet die Chance, alles zu teilen. Aufzuhören alleine zu sein und sich einem anderen Menschen hinzugeben, bietet erst die Möglichkeit und ist immer wieder der Schlüssel zu einem erfüllten Leben. Sicherlich hat es auch Vorteile, alleine zu sein, denn so wird unabhängig geblieben und kein Risiko eingegangen. Aber ist die Liebe nicht ein Risiko, das eingegangen werden muss? Diesem zu entsagen ist wohl das Schlimmste, was gemacht werden kann. Niemand sollte alleine sein, denn so wird nicht das schönste Gefühl der Welt empfunden. Zu lieben ist eines der grundlegendsten Bedürfnisse, um ein angenehmes Leben zu führen, und ohne Liebe kann in der Folge auch kein zufriedenes Leben geführt werden.

Die Liebe ist ähnlich der Hoffnung am wichtigsten, denn sie lässt einen glauben, und zwar an die Zukunft, an eine bessere Zeit. Auch wenn beides nicht gesehen werden kann, so erhalten Liebe und Hoffnung einen Menschen in Situationen, in denen nicht gewusst wird, wie es weitergehen soll, sowie in den schwierigsten Zeiten des Lebens. Solange geatmet wird, sollte man hoffen und lieben.

Wissenschaftlich betrachtet ist die Liebe ein relativ unerforschtes Gebiet. Bewiesen ist, dass verliebt zu sein bedeutet, dass es im Körper zur Ausschüttung von Hormonen kommt und der Liebe biochemische Vorgänge zugrunde liegen. Eine Mindermeinung vertritt die These, sich nicht sicher sein zu können, ob Liebe überhaupt existiert und sie gar nur eine romantische Verklärung ist, die irgendwann im Laufe des europäischen Mittelalters als Idealbild entstanden ist. Dies ist allerdings sehr strittig und beläuft sich nur auf einige sehr wenige Neurowissenschaftler und Psychologen.

Andere wiederum erkennen die Liebe an und sehen sie als undefinierbar an. Das Problem ist, dass in der Wissenschaft nach Lösungen gesucht wird, die nach einer exakten Lösung verlangen und keinen Spielraum für abweichende Ergebnisse lassen. In der Regel ist dies auch gut so. In Bezug auf die Liebe ist es zumindest fraglich, ob es überhaupt sinnvoll ist, das Konzept der Liebe rein wissenschaftlich anzusehen und erklären zu wollen.

Wenn es an dieser Stelle nur ein theoretischer Exkurs ist, doch so stellen Sie sich einmal vor: Sie leben in einer Welt, in der es eine Formel für die Liebe gibt. Diese Liebesformel sorgt nun dafür, dass sich Menschen nicht mehr nach dem Zufallsprinzip finden, weil sie sich anziehend finden und wirklich lieben, sondern ausschließlich aufgrund von sozialem Status und Aussehen sowie der besten Kombination der Nachkommen. Faktoren wie Charakter oder emotionale Intelligenz mögen durchaus noch eine Rolle spielen, aber schwinden immer mehr. In dieser Welt wäre die Liebe ein Medikament, welches sich verabreicht werden würde, um eine bestimmte Person zu lieben. In der Folge würde es wohl kaum Beziehungen zwischen verschiedenen Gesellschaftsschichten geben, da sich einzig gleich und gleich zusammen gesellen würde.

Wird diese Dystopie, in der eine Liebesformel existiert, noch weitergedacht, muss sich die Frage gestellt werden, welche Menschen Zugriff auf die Ressource haben. Diejenigen, die es sich leisten können, einige wenige oder gar nur eine Person. Die Entwicklung einer solchen Formel wäre nicht abzusehen. Eine mögliche Vorsehung dieser Formel, im Besitz von nur einer Person, wäre wohl das Schicksal des Grenouille aus Patrick Süskinds »Das Parfüm«.

Tatsächlich zeigen Studien, je unähnlicher Partner riechen, desto besser ist es; denn je unterschiedlicher sie riechen, so entgegensetzt sind ihre Immunsysteme ausgeprägt. In der Folge ist die Wahrscheinlichkeit höher, dass ihre Kinder ein möglichst breites Spektrum an Resistenzen gegen mögliche Krankheitserreger ausbilden. In der Folge möchte die Evolution sogar, dass sich mit möglichst unterschiedlichen Partnern gepaart wird.

Auch wenn die Liebe noch nicht vollkommen erforscht ist und die Forschung immer weitergehen wird, so wird mit Wissenschaft das Prinzip der Liebe nie vollständig erklären werden können. Die biochemischen Zusammenhänge sind gewiss richtig. Der Hormoncocktail Liebe sorgt für ein Feuerwerk im Körper. Doch egal ob das Experiment, durch welches sich die Probanden nach den entsprechenden knapp 70 Fragen ineinander verlieben sollen, oder der Versuch, alles ausschließlich über den Hormonhaushalt erklären zu wollen, die Forschung wählt teils einen völlig falschen Ansatz.

Denn die Liebe ist nichts Rationales. Sie hat nicht nur ausschließlich etwas mit Verstand, sondern viel mehr mit dem Herzen zu tun. Bestimmte menschliche Emotionen und Empfindungen, wie eben die Liebe, die Hoffnung oder für viele Menschen auch der Glaube an Gott, unterscheiden den Menschen von Maschinen. Diese Gefühle sind auf sachlicher Ebene nicht greifbar und für Menschen, die solche Gefühle noch nie empfunden haben oder nicht mehr haben, schwer nachzuvollziehen, aber genau diese machen das Menschsein aus und zeigen uns lediglich, dass wir Wesen sind, die emphatisch sind.

Liebe muss daher nicht rational sein, ist es nicht gerade das Irrationale, das die Liebe auszeichnet. Die Wege der Liebe sind unergründlich und die Liebe muss gar nicht erklärt werden. Vielmehr zieht sie ihre Kraft aus dem Offensichtlichen, nämlich dass jeder Mensch um ihre Bedeutung weiß. Gewisse Urtriebe zur Fortpflanzung und Arterhaltung sind selbstverständlich gegeben und die körperlichen Zusammenhänge bestehen. Das Geheimnis der reinen und unverfälschten Liebe zu enthüllen ist allerdings unmöglich.

Was ist das Besondere an der Liebe? Niemand weiß, wo die Liebe hinfällt.

Liebe kennt keine Grenzen.

Liebe kennt keine Hautfarbe.

Liebe kennt kein Alter.

Nicht zu wissen, wann es passiert. Dass es passiert, manchmal ohne es geplant zu haben. Zu jeder Zeit auf die richtige Person treffen zu können, mit der sich das Leben verändert. Die Person, mit der plötzlich alles einen Sinn macht. Der Moment, in dem gedacht wird, der Weg meines Lebens hat mich genau zu dir geführt. Die Ungewissheit, ob die Gefühle erwidert werden. Das Gefühl, endlich die Gewissheit zu haben. Ja!

Die erste Berührung, der erste Kuss und die erste Nacht. Sich in den Augen des anderen zu verlieren und darin die gemeinsame Zukunft zu sehen. Geborgenheit!

»Es gibt nichts Schöneres, als geliebt zu werden, geliebt um seiner selbst willen oder vielmehr trotz seiner selbst.«

– Victor Hugo –

Obwohl es auf der Welt fast 8 Milliarden Menschen gibt, ist es nicht einfach, einen Menschen zu finden, mit dem das Leben geteilt werden möchte. Zu beachten ist dabei aber, dass es auch schwierig sein kann, jemanden zu finden, der das Leben mit einem selbst verbringen möchte und es mit einem aushält. Ein jeder hat kleine Fehler und Angewohnheiten, die andere stören könnten. Die offenkundigen Schwächen eines anderen Menschen zu akzeptieren fordert ein hohes Maß an Toleranz. Diese Toleranz besteht zumeist nur gegenüber Menschen, die man liebt.

Eigentlich ist es doch auch nur bei den Menschen, die geliebt werden, so, dass selbst große Fehler verziehen und kleine Schwächen geduldet werden und immer wieder ein Weg zusammen gefunden wird. Dass ein anderer Mensch einen trotz seiner Fehler liebt und immer wieder das Gute sieht, ist selten. Umso wichtiger ist es, wenn ein solcher Mensch gefunden worden ist, dass diese Besonderheit geschätzt wird..

Es ist natürlich, das Bedürfnis zu haben, den Menschen, die geliebt werden, möglichst nahe sein zu wollen. Insbesondere in einer Beziehung entstehen gewisse Konfliktpunkte. Es ist bedeutsam, dass sich der nötige Freiraum zugestanden wird. Auch wenn es nicht immer einfach ist, sich darüber im Klaren zu sein, weil das Gefühl und die Sehnsucht nach der anderen Person zu groß sind. Doch es sollte sich stets daran erinnert werden, dass sich die Person für einen entschieden hat, als sie sich auch anders hätte entscheiden können.

Es ist wichtig, sich Mühe zu geben, die Liebe zu einem Menschen am Leben zu halten. Liebe ist wie eine Blume. Was geschieht, wenn sich nicht um die Blume gekümmert wird? Sobald sie nicht gegossen wird, verkommt sie.

Das Wasser der Liebe besteht aus verschiedenen Zutaten. Ehrlichkeit, Zärtlichkeit, Aufrichtigkeit und Vertrauen sind nur einige Möglichkeiten, die Liebe zu pflegen. Es gibt so viele verschiedene Arten, doch am wichtigsten ist es, sich bewusst zu sein, dass Liebe nicht selbstverständlich ist. Wer sich dessen bewusst ist, wird eine glückliche Beziehung führen. Wenn in der Liebe alles passt und ein Paar gemeinsam wirklich glücklich ist, dann sind negative Gedanken wie Eifersucht, Misstrauen und Verlustangst Fremdwörter. Dann braucht sich auch keiner Gedanken zu machen, denn die andere Person wird immer wieder zu einem zurückkehren. Zur Liebe gezwungen werden kann nämlich sowieso niemand.

So schön wie Liebe auch ist, wenn sie auf Gegenseitigkeit beruht und dafür sorgt, sich wie der glücklichste Mensch der Welt zu fühlen, doch genauso grausam und schmerzhaft kann sie sein. Es ist äußerst schmerzhaft, verliebt zu sein, wenn die Liebe, welche empfunden wird und die Gefühle, die damit einhergehen, nicht geteilt werden können, weil diese nicht erwidert werden. Auch wenn versucht wird, die andere Person zu vergessen, doch so einfach ist es meistens nicht, sich vor seinen Gefühlen zu verstecken.

»Du kannst deine Augen schließen, wenn du etwas nicht sehen willst, aber du kannst nicht dein Herz verschließen, wenn du etwas nicht fühlen willst.«

– Johnny Depp –

Ein jeder ist schon einmal von der Liebe enttäuscht worden oder wird es irgendwann werden. So schön die romantisch verklärte Vorstellung auch ist, doch die allerwenigsten werden mit der ersten Liebe überhaupt zusammen sein, geschweige denn wirklich zusammenbleiben. Von der Liebe bleibt nach einer Trennung nichts weiter als eine vorübergehende Illusion von Gefühlen, in der Hoffnung, einer anderen Person wirklich etwas bedeutet zu haben. Sobald dieser Punkt überschritten worden ist, wird auf eine andere Weise geliebt. Es ist keine Naivität mehr vorhanden und es fällt deutlich schwieriger, sich für eine andere Person die rosarote Brille aufzusetzen, da irgendwo im Hinterkopf doch ein Gefühl von Unsicherheit ist. Jede Erfahrung, die gemacht worden ist, wird teilweise auf die nächsten Neuen mitprojiziert. Entscheidend dabei ist, obwohl es nicht leicht ist, mit genauso offenem Herzen zu lieben, wie es beim allerersten Mal getan hat worden ist. Ein jeder hat verletzt und ist verletzt worden. Irgendwann wird die eine Person getroffen, für die sich alle Enttäuschungen, der Kummer und die Schmerzen, die erlebt worden sind, gelohnt haben. Die Unsicherheit der Vergangenheit wird zur Geborgenheit der Zukunft. Denn Liebe besiegt alles. Das war schon immer so und wird auch immer so bleiben.

Im Gegensatz zur Liebe im engeren Sinn, die von himmelhochjauchzend bis zum Tode betrübt sehr wechselhaft ist, bietet die familiäre Liebe zwar ebenfalls Höhen und Tiefen, doch sie zeichnet sich vor allem durch ihre absolute Beständigkeit aus.

Kapitel 4:
Über die Bedeutung und Eigenschaften von Familie

Niemand kann etwas dafür, in welche Familie er hineingeboren wird. Familie kann Fluch und Segen sein. Allerdings ist es lobenswert, wenn Familie Segen sein sollte. In diesem Fall hat derjenige das Glück, in Geborgenheit aufwachsen zu können. Durch die Familie werden Werte und Gewohnheiten vermittelt, die einen sein Leben lang prägen werden. Die Tatsache, dass Menschen einem etwas vorleben und eine Vorbildfunktion innehaben, ist von großer Wichtigkeit. Denn unterbewusst wird bereits als Kind gelernt, was einem vorgelebt wird. Es ist unabdingbar, dass sich Kinder unterbewusst Verhaltensweisen aneignen, die sie sich vom engsten Familienkreis abgeschaut haben. Daher ist es notwendig, stets ein gutes Vorbild zu sein.

Das Wort und somit die Bezeichnung Familie geht auf das lateinische Wort Familia zurück. Der Begriff ist facettenreich und befindet sich noch heute in einem stetigen Wandel und einer Anpassung an die Zeit. Die Frage danach, was Familie ist, ist bei genauerer Betrachtungsweise nicht immer einfach zu durchdringen. In der Antike gab es noch kein Wort für die Familie, wie wir sie in unserem heutigen Sinne begreifen. Weder im alten Rom noch in Athen. Die im modernen Verständnis traditionelle und wohl auch am häufigsten verbreitete Assoziation von Familie ist das gemeinsame Zusammenleben von mindestens zwei Generationen, Vater und Mutter, die aus Liebe heiraten, und deren Kindern, in einem Haushalt. Zusätzlich werden Blutsverwandte sowie Eingeheiratete mitunter ebenfalls als Großfamilie bezeichnet.

Der originale Begriff Familia hatte allerdings eine andere Bedeutung wie für uns heute. Denn übersetzt heißt Familia so viel wie, die Gesamtheit der Dienerschaft. Im Fokus stand nicht ausschließlich die Beziehung der Menschen untereinander, die größtenteils auf Zuneigung beruht, sondern vielmehr die Macht- und Herrschaftsbeziehungen des Familienoberhauptes und deren Auswirkungen. Der Familienälteste hatte durch das Gesetz der zwölf Tafeln, mehr oder weniger, die uneingeschränkte Verfügungsgewalt über alle ihm untergeordneten Personen, sprich Frau und Kinder, sowie deren Kinder, Sklaven und Freigelassene. Des Weiteren natürlich auch über Sachen, wie Tiere, Kunstwerke oder sonstiges Besitztum.

Dieses Familienbild hat mit unserer heutigen Auffassung von Familie wenig zu tun, es entspricht nicht einmal mehr dem Rechtssystem. Doch wer entscheidet darüber, welches Familienverständnis das Richtige ist? Im Endeffekt ist es das Zusammenspiel von Gesellschaft, Politik und Rechtsprechung, die darüber urteilen, ab wann von einer Familie gesprochen werden kann und wer schutz- und förderungswürdig ist. Im Grunde gibt es drei verschiedene Ansätze.

Zum einen den Familiengedanken auf die Ehe zu legen und davon auszugehen, dass durch Eheschließung faktisch eine Familie begründet wird. Ein anderer Ansatz wäre es, davon auszugehen, dass Familie überall da ist, wo Kinder sind. Losgelöst von Ehe und einem gemeinsamen Haushalt. Insbesondere in Zeiten einer Zunahme von Patchwork-Familien und Alleinerziehenden gewinnt dieser Ansatz an Bedeutung. Eine weitere Möglichkeit, ab wann man von einer Familie sprechen kann, wäre es, bereits auf Dauer angelegte Beziehungen, auch ohne Ehe und Kinder als Familie zu bezeichnen.

Bei einer christlichen Hochzeit wird die Ehe als ein heiliger Bund zwischen Mann und Frau bezeichnet. Die besondere Bedeutung von Ehe und Familie lässt sich daran erkennen, dass sich drei der zehn Gebote explizit darauf beziehen. Während die Kirche an ihren Wertvorstellungen festhält und ziemlich selten liberaler wird, was positiv betrachtet als sich den Werten treu bleiben bezeichnet werden kann, kann sich eine Gesellschaft ihre eigenen Werte und ein eigenes Empfinden über das Konzept Familie entwickeln. Diese müssen nicht immer mit der Meinung aller konform sein, aber ein guter Staat zeichnet sich unter anderem dadurch aus, seinen Bürgern die Möglichkeit zur freien Entfaltung der Liebe zu gewährleisten und die Familiengründung einzuräumen. Welche Form von Familie es auch sein mag. Eines haben alle Familien gemeinsam, und zwar, dass Familie überall da ist, wo das Leben beginnt und die Liebe niemals endet. Dieses Anrecht darf keinem Menschen verwehrt werden.

»Das süßeste Glück, das es gibt, ist das des häuslichen Lebens, das uns enger zusammenhält als ein andres. Nichts identifiziert sich stärker, beständiger mit uns, als unsere Familie, unsere

Kinder. Die Gefühle, die wir erwerben oder die wir in jenem intimen Verkehrt verstärken, sind die echtesten, die festesten, die uns an sterbliche Wesen knüpfen können, weil nur der Tod allein sie auslöschen kann. Sie sind auch die reinsten, weil sie der Natur, der Ordnung der Dinge entspringen und uns aus eigener Kraft vom Laster und von verderblichen Neigungen fernhalten.«

– Jean-Jaques Rousseau –

In einer Zeit, in der sich die Welt immer schneller zu drehen scheint, ist die Familie der zentrale Rückzugspunkt. Es ist wundervoll zu wissen, dass es Menschen gibt, auf die sich verlassen werden kann. Unabhängig davon, ob es einem gut oder schlecht geht, mit denen Freud und Leid geteilt wird, sowohl an den guten, wie auch an den schlechten Tagen, sowie das Gefühl von tief verwurzeltem Vertrauen und dass dich deine eigene Familie manchmal besser kennt, als du dich selbst. Sie kann dir wieder auf den richtigen Weg helfen, wenn du selbst einmal von jenem abgekommen bist.

Familie begleitet fast einen jeden Menschen auf seinem gesamten Lebensweg. Als Kind sind es die eigenen Eltern, Geschwister und Großeltern. Später besteht, als Eltern, die Verantwortung, für die eigenen Kinder Sorge zu tragen. Irgendwann im Laufe des Lebens wird sich hoffentlich selbst in der Rolle des Großvater oder als Großmutter wiedergefunden. Dies ist ein natürlicher Prozess, den ein jeder Mensch durchläuft. Die Familie ist für ein kleines Kind dasselbe wie für einen Großvater und von gleicher Wichtigkeit.

Ein Kind benötigt die Familie in erster Linie, um Schutz zu bekommen und von ihr zu lernen. Familie bietet einem Kind die Möglichkeit, sich zu entwickeln und in Ruhe heranwachsen zu können. Es werden Umgangsformen vermittelt und dafür Sorge getragen, dass es die möglichst besten Chancen bekommt, seinen Platz in der Welt zu finden. Das Potenzial des Kindes wird erkannt, Fähigkeiten gefördert und ausgebaut sowie etwaige Schwächen versucht zu verbessern. Außerdem werden Traditionen, zum Beispiel die Art und Weise, wie Familienfeste gefeiert werden, übertragen, durch das konstante Vorleben.

Auch die vorangegangenen Generationen können durch Kinder und Enkelkinder ebenfalls etwas dazulernen. Allen voran wird gelernt, mit der Zeit zu gehen, wodurch man jung, dynamisch sowie auf dem Laufenden bleibt und nicht einrostet.

Zusätzlich erinnern Kinder einen an Dinge, über die als Erwachsener gar nicht nachgedacht wird. Ein jeder hat schon fest verankerte Einstellungen und eine vorgefertigte Meinung zu bestimmten Themen. Häufig wird sich zu viel damit beschäftigt, die Vergangenheit zu verarbeiten und sich Sorgen um die Zukunft zu machen. Solche Ängste spielen für Kinder keine Rolle. Sie leben in der Gegenwart und genießen diese, sie sind mit den Gedanken nicht woanders. Außerdem begegnen sie anderen Menschen mit absoluter Offenheit. Je älter man wird, desto schwerer fällt es, da ein jeder seine Erfahrungen gemacht hat, Kinder aber wurden noch nicht enttäuscht, daher sind sie offen und vor allem ehrlich. Zwei positive Eigenschaften, von denen sich etwas abgeschaut werden kann. Fantasie zu haben, Hilfe anzunehmen, wenn sie gebraucht wird, sowie einfach Spaß am Leben zu haben sind für Kinder selbstverständlich. Die Welt durch Kinderaugen zu sehen lässt einen Erwachsenen, auch wenn es nicht immer möglich ist, aber zumindest kurzfristig diese Unbeschwertheit spüren. Da die meisten Leute, wenn es nicht beruflich ist, nur im privaten Umfeld mit Kindern zu tun haben, beschränkt sich der Kontakt auf die Familie. Deshalb ist es wichtig, innerhalb der Familie Kinder zu haben, um sich die Leichtigkeit des Lebens vor Augen führen zu lassen.

»Jung und Alt machen in der Familie wichtigste Erfahrungen fürs Leben. Kinder empfangen Liebe und Vertrauen, sie lernen Rücksicht. Ihr Gedächtnis an die Kindheit bleibt lebenslang frisch. Es erinnert sie stets mit Gewissheit daran, was gut und böse, wahr und unwahr ist.«

– Richard von Weizsäcker –

Aus dem Blickwinkel der Eltern und Großeltern wird versucht, seinen Kindern und Enkeln möglichst viel von der eigenen Erfahrung und dem eigenen Wissen für die Reise des Lebens mit auf den Weg zu geben. Das Ziel ist es, die Nachkommen davor zu schützen, Fehler zu machen, sowie sie zu guten Menschen zu erziehen. Es bedarf ein hohes Maß an Fürsorge, gleichzeitig aber auch Disziplin, Toleranz und vor allem Liebe. Die erzieherische Funktion ist neben der Zeugung eine der Hauptaufgaben, die zu erfüllen ist, und stellt gleichzeitig wohl die schwierigste dar. Die Sozialisation der Kinder ist in starker Abhängigkeit davon, welche Werte sie vermittelt bekommen und welche Gewohnheiten ihnen aufgezeigt werden. Später erlernt ein Kind zusätzlich vermehrt Normen und Werte der Gesellschaft.

Im Laufe des Lebens verändern sich die Faktoren, die auf die Persönlichkeitsentwicklung Einfluss nehmen. Die Persönlichkeit eines jedes Menschen ist formbar und fließend. Sie befindet sich in einer kontinuierlichen Anpassung mit der Zeit. In den ersten Lebensjahren wird sich vermehrt mit der inneren Realität, den körperlichen und psychischen Grundlagen auseinandergesetzt. Die äußere Realität, die soziale und physikalische Umwelt, stellt zunächst beinahe ausschließlich die Familie dar. Daher sind die familiären Werte besonders prägend. Mit der Zeit wird die äußere Realität allerdings stetig komplexer. Es gibt neue Faktoren, wie Freunde und Lehrer, die einen genauso großen Einfluss ausüben können. Die Familie legt somit das Fundament für die Entwicklung eines Kindes und das Herausbilden eines eigenen Charakters. Ab einem gewissen Alter aber wird sich ein jeder Mensch zum Teil in seine eigene Richtung entwickeln.

Welche Eigenschaften der Eltern von Kindern übernommen werden, können Eltern nicht alleine entscheiden. Ein jeder hat sowohl positive wie negative Eigenschaften. Auch wenn versucht wird, letztere vor Kindern zu verstecken. Ab einem gewissen Alter suchen sich Kinder selbst aus, welche Eigenschaften und Verhaltensweisen der Familie übernommen werden. Es wird schwierig aus dem erzieherischen Aspekt heraus, diesen entgegenzusteuern, denn wie will etwas untersagt werde, was sich von ihren Vorbildern abgeschaut worden ist. Oftmals kann durch Kinder einem selbst ganz gut ein Spiegel vorgehalten werden, in den man aber gar nicht blicken möchte.

»Eltern verzeihen ihren Kindern die Fehler am schwersten, die sie ihnen selbst anerzogen haben.«
– Marie von Ebner-Eschenbach –

Aus der Sicht eines Jugendlichen und selbst als junger Erwachsener ist es schwierig, alles anzunehmen, weil man jung und naiv ist. Man denkt alles zu überblicken und gewisse Dinge besser zu wissen, obwohl dem tatsächlich gar nicht so ist. Solange noch eine gewisse Lebensreife fehlt, können bestimmte Dinge einfach nicht verstanden werden, da der Weitblick fehlt und einfach in dem Glauben gelebt wird, alle seine Erfahrungen individuell machen zu müssen.

Die Reife dazu, all das zu verstehen, insbesondere, was die eigene Familie einem vermitteln möchte, kommt wohl erst vollständig, sobald die eigenen Kinder auf der Welt sind. Es ist gelegentlich ein schmaler Grat, zwischen sich selbst zu verwirklichen und seinen Weg zu gehen und dem, das zu machen, was von einem erwartet wird. Vorzugsweise wird der eigene Weg gegangen und sich immer, wenn nötig, der Rat der Familie eingeholt. Dies wird sich nie ändern, die Meinung der eigenen Eltern kann das ganze Leben lang und immer zu Rate gezogen werden. Die Familie ist aber auch speziell dazu da, die Dinge anzusprechen, die vielleicht gar nicht gehört werden wollen, und die man nichtwahrhaben möchte. Sei es, weil sie verdrängt werden oder

der Wald vor lauter Bäumen nicht gesehen wird. Falls temporär blind durch das Leben gegleitet wird, kann die Familie einem die Augen öffnen und helfen, wieder klar zu sehen. Denn nur die Familie sind diejenigen Menschen, die immer und ohne Ausnahme ehrlich sein können, da die Familie, egal was passiert, auch immer Familie bleiben wird.

Die meisten jungen Frauen und Männer treibt irgendwann die Sehnsucht nach Freiheit und Selbstverwirklichung hinaus in die Welt. Das Abkapseln vom Elternhaus stellt für viele den größten Schritt ins Erwachsenenleben dar. Dem einen gelingt es früher, dem anderen später. Welcher Weg auch eingeschlagen wird, es ist stets ein besonderes Gefühl, wieder nach Hause zu den Menschen zurückzukehren, in denen das erste Viertel des Lebens verbracht worden und man groß geworden ist. Auf eine angenehme Weise kann man sich in der Zeit zurückversetzt fühlen. Auch im Erwachsenenalter, selbst wenn man eigene Kinder hat, egal wie alt man ist, wird man für die eigenen Eltern irgendwo immer das Kind bleiben und dieses Gefühl ist einmalig.

Es gibt wohl kein schöneres und stärkeres Gefühl, als sein eigenes Kind in den Armen zu halten. Dieses Gefühl wird wahrscheinlich auch nie verloren gehen. Die Emotionen, die für Kinder im Allgemeinen, besonders innerhalb der weiteren Familie empfunden werden, sind etwas Tolles. Betrifft es aber die eigenen Kinder und es entstehen Mutter- beziehungsweise Vatergefühle ist es außergewöhnlich. Die Nähe und Liebe der eigenen Eltern spürt ein Kind bereits als Baby auf unterbewusste Weise und realisiert mit der Zeit so, wo es hingehört, sich wohl und sicher fühlt, denn nichts ist ehrlicher und aufrichtiger als die Liebe der Eltern zu ihrem Kind.

»Das Erste, das der Mensch im Leben vorfindet, das Letzte, wonach er die Hand ausstreckt, das Kostbarste, was er im Leben besitzt, ist die Familie.«
– Adolph Kolping –

Nicht ein jeder hat das Glück in einer intakten oder sogar überhaupt in einer Familie groß zu werden. Auch wenn Familie etwas Identitätsstiftendes hat, bedeutet es nicht, dass ohne Familie, oder wenn kein gutes Verhältnis besteht, zwangsläufig jemand unglücklich sein muss. Auch wenn die Familie in ihrem eigentlichen Sinne etwas äußerst Besonderes ist, so gibt es doch auch Menschen, die einer Familie ähnlich sein können. Wir nennen sie Freunde. Einige der wichtigsten Eigenschaften von Familie lassen sich größtenteils auch auf Freunde übertragen und so können einige wenige Freunde vom Stellenwert her zur Familie werden.

Kapitel 5:
Freundschaft – Eine Seele in zwei Körpern?

Im Prinzip sind Freunde die Familie, die wir uns aussuchen können. Freundschaft bietet viele Chancen, aber kann auch Risiken verbergen. Die Sehnsucht nach freundschaftlichen Verbindungen ist in jedem Menschen vorhanden. Bereits im Sandkasten werden erste Kontakte geknüpft, später in der Schule, beim Sport, während des Studiums, im Beruf, oder durch örtliches Zusammenleben. Ähnlich wie bei der Liebe benötigt es für Freundschaft Sympathie und Vertrauen. Der Duden definiert Freundschaft als ein auf gegenseitiger Zuneigung beruhendes Verhältnis von Menschen zueinander.

»Einen guten Freund zu haben ist von allen Gottesgaben die reinste, denn diese Art von Liebe kennt keine wechselseitige Belohnung. Sie ist nicht ererbt wie bei der Familie. Sie ist nicht zwingend wie die Liebe zu einem Kind. Und sie verfügt nicht über das Mittel körperlicher Freuden wie in der Ehe. Deshalb ist sie eine unbeschreibliche Bindung, die eine weit tiefere Hingabe mit sich bringt als alle anderen.«

– Jean Paul –

Zumeist sind für eine Freundschaft ähnliche Interessen oder gemeinsame Ansichten entscheidend, sodass eine

Verbindung entsteht. Bei gleichen Vorlieben geschieht dies logischerweise häufiger, wie es bei entgegengesetzten Neigungen seltener passiert. Wer einem bestimmten Hobby nachgeht, hat es mit Gleichgesinnten automatisch einfacher, ein Gesprächsthema zu haben, und die Wahrscheinlichkeit, sich zu mögen, ist dementsprechend höher. Genauso ist es eher weniger naheliegend, dass sich eine Person, die gerne abends ausgeht und viel Alkohol trinkt, auf Anhieb mit einem abstinenten und veganen Athleten besonders gut versteht. Wahrscheinlich wird sich erst gar nicht kennengelernt, weil sich gar nicht zur selben Zeit am selben Ort aufgehalten wird. Möglich ist das zwar, denn Ausnahmen bestätigen die Regel. Aber es ist eben einfach eher unwahrscheinlicher, denn gleich und gleich gesellt sich gerne.

Eine Besonderheit sind Freundschaften, die über mehrere Jahre alt sind und verschiedene Lebensphasen überdauert haben. Oftmals enden Freundschaften, wenn verschiede Wege eingeschlagen werden, weil sich dadurch aus den Augen verloren wird. Aus den Augen, aus dem Sinn. Im Leben ist es nicht immer leicht zu wissen, wer ein vollkommener Freund, wer Freund und wer ein Bekannter ist. Während im jüngeren Alter viele Leute als Freunde bezeichnet werden, nimmt die Zahl an Freunden mit zunehmendem Alter ab. Aufgrund von persönlichen Veränderungen, über Wohnortwechsel, bis hin zum Anpassen an das Leben, wenn man eigene Kinder hat. Die Faktoren sind vielfältig, dass sich Freunde auseinanderentwickeln. Im Gegensatz zu sexuellen Liebesbeziehungen, die gescheitert sind, findet bei freundschaftlichen Verhältnissen zumeist kein klärendes Abschlussgespräch statt oder man bekommt eine SMS mit »Hey, zwischen uns passt es nicht mehr, wir sind keine Freunde mehr«, wodurch die Freundschaft beendet wird. Der Prozess bei Freundschaftsbeziehungen, die auseinandergehen, findet eher schleichend statt.

Speziell bei den Freundschaften allerdings, bei denen sich Menschen in noch so unterschiedliche Richtungen entwickelt haben, die Freundschaft dennoch aufrechterhalten wird, auch wenn sich selten gesehen wird, sind es diese Freundschaften, die am engsten sind. So kann es dann auch passieren, dass Menschen, die von außen betrachtet nicht unbedingt zusammenpassen, durch die Vertrauensbasis, die über Jahre aufgebaut worden ist, und die gemeinsamen Erlebnisse die besten Freunde sind.

»Alte Freunde sind wie alter Wein, er wird immer besser, und je älter man wird, desto mehr lernt man dieses unendliche Gut zu schätzen.«

– Franz von Assisi –

Doch was sind überhaupt die Beweggründe, eine Freundschaft einzugehen, und wodurch zeichnet sich vor allem eine gute Freundschaft aus?

Bekannte Philosophen wie Platon, Aristoteles oder Cicero haben sich über das Thema Gedanken gemacht. So wird für den griechischen Philosophen Aristoteles eine Freundschaft aus drei Gründen eingegangen, folglich gibt es drei verschiedene Arten von Freundschaft. Der erste Grund ist um des Wesens willen. Die Persönlichkeit ist verantwortlich dafür, dass eine Freundschaft zustande kommt. Das zweite Motiv ist die Zweckverbindung, nämlich um des Nutzens willen, und das dritte der Affekte wegen, um der Lust willen. Alleine für sich sind dies bereits Gründe zur Freundschaft, wobei nur der Aspekt um des Wesens willen die beste Art von Freundschaft darstellt. Sie wird als vollkommene Freundschaft bezeichnet.

Zunächst allerdings müssen für eine Freundschaft jeglicher Art drei Bedingungen vorliegen. Diese sind Gegenliebe, Wohlwollen und Erkennbarkeit. Zum einen muss eine Freundschaft auf Gegenliebe basieren, sie muss somit auf Gegenseitigkeit beruhen. Zum anderen erfordert eine Freundschaft dem anderen gegenüber Wohlwohlen, sodass ihm nur Gutes gewünscht wird. Die Erkennbarkeit knüpft an der Gegenseitigkeit an. Wenn man einem fremden Menschen Wohlwollen und Gegenliebe entgegenbringt, so macht es ihn noch lange nicht zu einem Freund. Eine Freundschaft ist keine Einbahnstraße. Wohlwollen und Gegenliebe müssen für den jeweils anderen auch erkennbar sein. Erst wenn diese drei Voraussetzungen erfüllt sind, kann von Freundschaft gesprochen werden.

Freundschaften, die aufgrund des Nutzens oder der Lust gepflegt werden, sind vergänglich. Menschen, die nur miteinander befreundet sind und sich mögen, weil ihnen durch die Beziehung Gutes widerfährt und diese nützlich ist, werden wohl kaum noch befreundet sein, wenn sich der Grund des Nutzens einstellt. Ein gutes Beispiel sind Arbeitskollegen oder Geschäftspartner. Freundschaften, die darauf aufbauen, dass sich gegenseitig Vergnügen bereitet wird, sich aber nicht aufgrund der persönlichen Eigenschaften geschätzt und geliebt wird, sind ebenfalls nicht andauernd. Freundschaftsbeziehungen des Nutzens oder der Lust wegen hören auf zu existieren, sobald man sich nicht mehr nützlich ist oder die eine Person die Lust der anderen nicht mehr erfüllt.

Dementgegen steht die vollkommene Freundschaft. Nach Aristoteles ist dies die höchste Form von Freundschaft. Im Fokus steht nicht der Nutzen oder die Lusterbringung, sondern die Zuneigung aufgrund der Tugenden des Anderen. Tugend ist ein sehr weiter Begriff, die Auseinandersetzung mit diesem würde das Thema der Freundschaft wohl überschreiten. Im Kontext wird Tugend wohl am besten mit Charaktereigenschaft assoziiert. Des Weiteren erfordert eine Freundschaft ein gewisses Maß Selbstlosigkeit. Doch auch nützlich und lustbringend darf eine vollkommene Freundschaft sein. Dies bedeutet, sich gegenseitig zu unterstützen und sich an den Tugenden des anderen zu erfreuen. Um diese Art von Freundschaft zu erreichen, muss man sich allerdings über einen längeren Zeitraum kennen. Außerdem bedingt eine solche Freundschaft eine gewisse Ähnlichkeit, die sich am häufigsten unter Menschen mit ähnlichen Charaktereigenschaften finden lässt. Auch örtliche Nähe ist wichtig, um die Freundschaft pflegen zu können.

»Von allen Geschenken, die uns das Schicksal gewährt, gibt es kein größeres Gut als die Freundschaft, keinen größeren Reichtum, keine größere Freude.«

– Epikur von Samos –

Die Menschen sind abhängig von anderen Menschen. Nicht ein jeder Bekannter ist ein Freund. Aber letzten Endes schaden Kontakte nur dem, der keine hat. Es ist elementar, sich ein breites Spektrum an Kontakten aufzubauen. Dennoch sind es nur einige wenige von all den vielen Menschen, die uns im Leben begegnen, die wirklich kennengelernt werden und die die Bezeichnung echter oder bester Freund verdient haben. Bester Freund schließt als Superlativ aus, dass es noch andere geben kann. Es ist durchaus möglich, auch gleichzeitig mehrere beste Freunde zu haben. Daher ist echte Freunde als Bezeichnung vorzugswürdig.

Doch was zeichnet einen solchen echten Freund, von denen ein jeder im Leben nicht viele hat, aus?

Es gibt kein Rezept, ein guter Freund zu sein. Eine jede Freundschaft ist etwas Spezielles. Dennoch gibt es einige grundlegende Verhaltensmuster, die eine gute Freundschaft auszeichnen. Zwei der wichtigsten Faktoren sind Ehrlichkeit und Aufrichtigkeit. Zu fremden Menschen ehrlich zu sein kann sich schwierig gestalten, denn obwohl es durchaus aufrichtig gemeint sein kann, so wird es mitunter doch als Angriff gegen die Persönlichkeit des Anderen verstanden. Umgekehrt wird gegenüber anderen Menschen, zu häufig zu viel von sich selbst preisgegeben. Die wenigsten Personen wissen dieses entgegengebrachte Vertrauen zu schätzen. Nur mit einer gewissen Vertrauensbasis befindet sich eine Person in der Lage, offen und ohne ein Blatt vor den Mund zu nehmen, über einen anderen Menschen urteilen und sich eine Meinung bilden zu können. Innerhalb einer echten Freundschaft bedarf es keiner falschen Zurückhaltung. Ein Problem wird angesprochen und wenn jemanden etwas stört, darf und sollte es gesagt werden. Auch wenn die Meinungen auseinandergehen, so findet sich doch wieder ein Weg zusammen.

Echten Freunden können Geheimnisse erzählt werden, über die vielleicht nicht einmal mit der Familie gesprochen wird. Die intimsten Gedanken, Ängste und Sorgen können gezeigt werden unter dem Wissen, dass sie gut aufgehoben sind. Es wird zugehört, wenn sich etwas von der Seele gesprochen werden möchte, und Ratschläge gegeben, wenn es einem selbst die Sprache verschlagen hat und die Stille die Oberhand gewonnen hat. Mut wird zugesprochen und Verständnis für Gefühle gezeigt, falls diese gezeigt werden möchten.

Es bedarf keiner täglichen Treffen und auch, wenn sich selten gesehen wird, hat ein jeder, sobald sich getroffen wird, ein Gefühl von einer angenehmen Vertrautheit und Verbundenheit. Dieses Gefühl, angekommen zu sein, ist nicht künstlich zu erzeugen, geschweige denn es zu erzwingen. Dieses entsteht mit Menschen, die einem verbunden sind, automatisch, mit denen es eine Freude ist, gemeinsam Zeit zu verbringen, und es dabei so erscheint, als wäre die Zeit seit dem letzten Treffen nicht fortgeschritten. Dies kann nicht nur bei einzelnen Freundschaften so sein, sondern eine Gruppe kann einen ähnlichen Effekt haben. Die einzelnen Charaktere der Clique greifen wie Zahnräder ineinander über, sodass es einfach schön ist, ein Teil davon zu sein. Dieses Empfinden wird oftmals auch gespürt, beim Zusammentreffen mit Menschen, die eigentlich schon länger aus dem alltäglichen Leben entschwunden sind. Falls sich eine alte Clique, zum Beispiel aus Schulzeiten wiedertrifft, kann oftmals das Phänomen beobachtet werden, dass in einer solches Konstellation die Menschen sich für kurze Zeit innerhalb der Gruppe so verhalten, wie sie es früher getan haben. Sobald dann die Rasselbande zusammentrifft, ist es immer wieder witzig und so wie in alten Zeiten.

Von besonderer Wichtigkeit ist es, bei echten Freunden seine Persönlichkeit ausleben zu können und einfach so sein zu können, wie man ist. Viel zu oft wird im alltäglichen Leben eine Rolle gespielt, die einem nicht wirklich behagt, da sich verstellt wird. Unter Freunden wird jeder, mit all seinen Stärken und Schwächen, akzeptiert und angenommen. Niemand sollte sich bei einem wirklich echten Freund verstellen müssen. Wer gut drauf ist, ist einfach gut drauf und zeigt dies durch gute Laune. Bei schlechter Laune wird ein echter Freund erkennen, dass etwas nicht stimmt und danach fragen, was los ist. Auch wenn ein Freund nicht auf Anhieb versteht, dass Unterstützung gebraucht wird, dann kann das, was auf dem Herzen liegt, direkt angesprochen und gesagt werden, falls ein guter Ratschlag benötigt wird. Ein echter Freund wird einen aber in keinem Fall abweisen, im Gegenteil, es wird versucht werden zu helfen, wo es geht. Manchmal sind Freunde ein bisschen wie Therapeuten, mit denen zusätzlich getrunken werden kann. Dennoch haben die wenigsten Psychologie studiert, noch sind sie Hellseher, sodass sie den Gemütszustand immer richtig einschätzen.

Wird die Unterstützung versagt, kann allerdings durchaus erkannt werden, dass eine Person doch nicht die Art Freund ist, von der geglaubt worden ist, dass sie es sei. Natürlich kann und sollte vor allem nicht in jeder Situation Hilfe in Anspruch genommen und verlangt werden. Niemand will durchgehend die Ohren vollgeheult bekommen und auch Freundschaft hat ihre Grenzen. Aber ein offenes Ohr sollte ein Freund immer haben.

In Ausnahmesituationen hingegen ist es besonders wichtig, Menschen um sich zu haben, die einen auffangen können und auf die sich verlassen werden kann. Echte Freunde können dies am besten, indem sie einfach füreinander da sind. Oftmals reicht es bereits schon, miteinander Zeit zu verbringen und dadurch von etwas abzulenken. Auch kann ein Freund auf andere Gedanken bringen, ohne dabei große Worte machen zu müssen, oder empfehlen, eine andere Ansicht in Betracht zu ziehen und somit das Ganze aus einem neuen Blickwinkel zu sehen.

Es bringt nichts, auf den Fehlern eines anderen rumzureiten und eine Person in ihrem Verhalten konstant zu kritisieren. Auch wenn etwas verkannt wird und Fehler gemacht werden, sollte sich verziehen werden. Wie ähnlich sich Freunde auch sind und wie gut sie sich auch verstehen mögen, früher oder später wird es zu Meinungsverschiedenheiten und sogar sehr wahrscheinlich zu Streit kommen. Doch je stärker die Freundschaft ist, desto größeren Streit hält eine Freundschaft aus, ohne daran zu zerbrechen. Es gibt Fehler, die unverzeihlich sind, doch auch wenn das Vertrauen beschädigt ist, sollte zumindest versucht werden, dieses wiederherzustellen. Bei kleineren Fehlern, durch die zwar kurzzeitig jemand enttäuscht ist, wird sich selbstverständlich schnell wieder versöhnt. Dabei bedarf es keiner großen Entschuldigungen und es geschieht, ohne nachtragend zu sein. Denn eine Freundschaft, in der Fehler nicht verziehen werden, ist schneller vorbei, als sie angefangen hat.

Drei Dinge lassen sich nur bei drei Gelegenheiten erkennen, Kühnheit in Gefahr, Vernunft in Zorn und Freundschaft in Not. Wahre Freunde werden oftmals erst in schlechten Zeiten erkannt. Erst dann kann gesehen werden, wer wirklich zu einem steht. Es ist ein leichtes, um sich herum viele Freunde zu scharen, wenn alles perfekt läuft. Wenn es einem Menschen gut geht, dann kommen die Freunde zumeist von ganz alleine. Viele Menschen haben das Bedürfnis, sich im Sonnenlicht von anderen zu sonnen. Manchmal sind es die Menschen, die einem Hilfe anbieten, von denen es gar nicht erwartet worden ist. Daher ist es wichtig zu durchblicken, wer ein echter Freund ist und wer nicht. Das Beste, was getan werden kann, ist es, sich zu bemühen, stets selbst ein wahrer Freund zu sein, denn nur wer selbst Loyalität, Treue und Vertrauen an den Tag legt und diese Werte anderen Menschen entgegenbringt, hat es verdient, diese Art von echter Freundschaft zurückzubekommen.

»Treue Liebe ist selten, treue Freunde noch seltener.«
– François de La Rochefoucauld –

Haben Menschen erst einmal eine tiefgründige Verbindung einer innigen Freundschaft aufgebaut, so ist sie beinahe unzertrennlich. An diesem Punkt mag es so scheinen, wie wenn ein Seelenverwandter gefunden wurde. Dieses Gefühl ist eine Rarität und nur wenigen Menschen vorbehalten. Daher ist es ein Privileg, eine solch besondere Art von Freundschaft pflegen zu können.

Wenn davon gesprochen wird, dass sich zwei Seelen berühren, wird in der Regel eher an das Verschmelzen zweier Körper beim Sex gedacht. Doch unter Freunden kann ein solches Gefühl auch auf platonischer Ebene existieren. Von außen betrachtet wirkt es dann so, als wäre die eine Person die bessere Hälfte von der anderen, sodass quasi eine Seele in zwei Körpern leben würde. Umgangssprachlich bedeutet diese Aussage auf freundschaftlicher Ebene lediglich, dass sich zwei Personen besonders gut verstehen und in ihrem Denken, Handeln und Fühlen aufeinander gut abgestimmt sind. Bei langjährigen Freundschaften ist dies logisch erklärbar, da sich die Personen in- und auswendig kennen.

Doch wie kann es passieren, dass diese Verbindung zwischen zwei Menschen existiert, obwohl sie sich gerade erst kennengelernt haben?

Existiert so etwas wie Seelenverwandtschaft? Was ist die Seele und gibt es sie überhaupt?

Kapitel 6:
Die Beziehung von Körper, Geist und Seele

Die Seele ist vor allem eins, und zwar schwer zu begreifen. Seit Jahrtausenden plagen sich Gelehrte aus aller Welt darüber, was es mit der omnipräsenten Seele auf sich hat, die aber noch nie ein Mensch gesehen, geschweige denn verstanden hat. Sie ist eng verknüpft mit dem Geist und zeitlebens gebunden an den Körper.

Die Anatomie des menschlichen Körpers ist ein Meisterwerk. Entweder geschaffen durch die Evolution oder von Gott. Abgerundet in seiner Perfektion und Komplexität durch die menschliche Psyche. Der Körper ist das Gefäß des Lebens, der es uns ermöglicht, ein Teil dieser Welt zu sein. Zu häufig wird mit dem eigenen Körper nicht gut genug umgegangen. Dabei ist er es, der uns am Leben erhält.

Nach medizinischer Auffassung ist der Körper und die Psyche nicht unabhängig voneinander zu betrachten. Sie stehen in einem synallagmatischen Verhältnis zueinander. Sowohl körperliche Beschwerden verursachen psychische Probleme, wie auch umgekehrt psychische Ursachen physische Leiden hervorrufen können. Im transzendenten Verständnis hingegen gibt es einen kleinen, aber feinen Unterschied. Im Kontext der Religion oder Spiritualität wird nicht von Psyche, sondern von Seele gesprochen. Diese ist unabhängig des Körpers zu sehen und kann nach dem Ableben in den Himmel oder in das Paradies emporsteigen, oder sogar je nach Religion wiedergeboren werden.

Da steht die Menschheit nun im Jahr 2020. Das metaphysische Leib-Seele-Problem noch immer nicht final gelöst, gerade einmal ein bisschen schlauer als zu Zeiten Platons. In einem Zwist zwischen Wissenschaft und Theologie, einem rationalen Weg der Forschung zu vertrauen, oder dem Wunsch, an einen Dualismus von Körper und Seele zu glauben, der ein Leben nach dem Tod ermöglicht.

Genauso wie Atome eine Halbwertszeit haben, hat auch der Körper eine Verfallszeit, da der Körper aus nichts außer Atomen besteht. Dennoch ist der menschliche Körper in seiner Erscheinung ein Wunder der Natur. Die Entwicklung der Menschheit geht weit zurück. Unabhängig davon, ob der Evolutionsgeschichte, die besagt, dass die Menschheit in ihrem Ursprung von Affen abstammt, oder der Schöpfungsgeschichte Glauben geschenkt wird, hat der Mensch im Gegensatz zu den Tieren die Fähigkeit eines ausgeprägten Bewusstseins. Sicherlich haben einige Tiere auch ein schwaches Bewusstsein, sie besitzen aber nicht wie die Menschen die Fähigkeit zur Reflexion ihres Daseins, welches endlich ist, wodurch sich für den Menschen die Frage nach dem Zweck der eigenen Existenz auf der Erde eröffnet und somit die Frage nach dem Sinn des Lebens angestoßen wird.

Worin besteht der Sinn, an einen Körper gebunden zu sein, der eigentlich so leicht zerstört werden könnte und irgendwann in der Zukunft ein Ablaufdatum hat? Auf diese Frage gibt es keine zufriedenstellende Antwort, die eine sichere Erkenntnis bringt. Daher kann sich der Fragestellung nur angenähert werden. Der besonderen Bedeutung des Körpers sind sich alle Menschen unterbewusst bewusst, wobei nicht alle häufig genug darüber nachdenken. Der eigene Körper trägt einen bereits seit der Geburt durch das Leben, leider wird er zu oft als selbstverständlich angesehen, zumindest bei denen, die bei voller körperlicher Gesundheit sind. Solange der Körper gesund ist, wird zu oft mit ihm verschwenderisch umgegangen, als wäre er eine unerschöpfliche Quelle des Lebens. Häufig wird erst dann angefangen, sich um ihn zu sorgen, wenn er schon in Mitleidenschaft gezogen worden ist. Es ist ein Denkfehler, sich erst dann um ihn Gedanken zu machen, wenn er bereits durch Schmerzen äußert, dass er mehr Fürsorge benötigt.

Das Verhältnis von Körper und Seele lässt sich gut beschreiben, in dem es sich so wie das zwischen einem Menschen und einem Palast vorgestellt wird. Ein Palast wird gepflegt und verehrt, so sollte es auch mit dem Körper sein. So wie Menschen in Häusern leben und sich um diese kümmern, so ist der Körper das Haus der Seele, in dem die Seele lebt.

»Der Körper ist der Palast der Seele.«

– Abraham Ibn Esra

Der Wiener Arzt und Psychologe Sigmund Freud veröffentlichte im Jahre 1923 eine Schrift zu dem Thema das »Ich und das Es«, welche er selbst weiterentwickelte und schließlich unter dem Titel »Die Zerlegung der psychischen Persönlichkeit«, während der »neuen Folge der Vorlesungen«, zu einem Abschluss brachte. Er entwickelte ein Strukturmodell der menschlichen Psyche. Nach Freud besteht diese aus dem Es, dem Ich und dem Über-Ich.

Das »Es« ist laut Freud für das Triebverhalten verantwortlich, wie zum Beispiel den Nahrungs- oder Sexualtrieb. Aber auch für Bedürfnisse und Gefühle wie die Liebe oder den Hass. Das »Es« zielt auf die sofortige Befriedigung eines Zustandes ab, wird beeinflusst durch positive und negative Erfahrungswerte und ist teilweise angeboren. Je nachdem, ob eine Befriedigung der Lust zustande kommt oder nicht, entwickeln sich daraus resultierend Lust- oder Unlusterfahrungen, welche sich auf die Emotionen eines Menschen auswirken und somit unterbewusst auf seine Psyche.

Das »Über-Ich« beinhaltet alle Werte- und Moralvorstellungen, die sich, durch Erziehung und Konditionierung, sowohl bewusst wie auch unbewusst, angeeignet werden. Insbesondere die Eltern prägen die kindliche Entwicklung des »Über-Ichs«, allerdings auch sehr stark die Gesellschaft. Nach einer Phase der Identifizierung mit sich selbst und der Umwelt bildet das »Über-Ich« das Gewissen des Menschen.

Das »Ich« ist die bewusste Persönlichkeit eines Menschen. Zu den Bewusstseinsleistungen gehören das Denken, Wahrnehmen und Erinnern. Das »Ich« stellt die triebhaften Bedürfnisse des »Es« dem Willen des »Über-Ichs« entgegen, reguliert diese beiden, setzt sie in den Kontext Umwelt und versucht, Konflikte des »Es« und »Über-Ichs« zu lösen. Daraus erfolgt die Abkehr vom triebhaften Lustprinzip, hin zum Realitätsprinzip.

Das Realitätsprinzip ist das Verhalten des »Ichs«, sprich das der eigenen Persönlichkeit, welches sich auf Grundlage der durch das »Über-Ich« gesammelten Erfahrungen angeeignet wird. Die Abkehr vom Lustprinzip lässt sich gut am Beispiel von Kindern erklären, die anfangs ausschließlich emotional agieren und reagieren, da ihr Ich erst noch reifen muss. Mit der Zeit passen sie sich an die soziale Umwelt an. Würde diese Anpassung nicht geschehen, dann fingen alle Erwachsenen an zu weinen, wenn sie etwas nicht bekommen. Freud zählt zu dem frühen kindlichen »Ich« insbesondere auch bewusstseinsfähige Emotionen und Bedürfnisse hinzu, die sich verankern. Daher findet sich ein Teil des »Es« im »Ich« wieder. Zusammengefasst bedeutet dies, dass aufgrund der Tatsache, dass die Persönlichkeit eines Menschen zunächst nur von Affekten bestimmt wird und erst einmal herausgebildet werden muss, sich Emotionen und Bedürfnisse, welche im Laufe der Jahre zwar an die sozialen Gegebenheiten angepasst werden, sich im Bewusstsein und somit der eigenen Persönlichkeit manifestieren.

»Es ist der Geist, der sich den Körper baut.«

– Friedrich Schiller –

Um den Unterschied und die jeweilige Abhängigkeit zwischen Körper, Geist und Seele zu verstehen, dürfen diese drei Säulen des menschlichen Lebens, in der Summe ihrer Wirkung, nicht getrennt voneinander gesehen werden. So gibt es im Leben nicht nur schwarz und weiß, sondern verschiedene Grauzonen. Daher ist es eine Möglichkeit, die Thematik nicht nur auf Basis eines wissenschaftlichen Ansatzes zu betrachten, sondern ein transzendentes Element in die Gleichung mit einzubauen und einen Mittelweg zu finden. Freud wäre sicherlich nicht damit einverstanden, dass seine Psychoanalyse mit einem transzendenten Element vermischt wird. Dennoch stellt es eine Option dar, wie die Beziehung von Körper, Geist und Seele interpretiert werden könnte, in dem die Begriffe Es, Über-Ich und Ich diesen gleichgesetzt werden. Dadurch kann zu einer Auffassung gelangt werden, die sowohl wissenschaftliche Erkenntnisse als auch transzendente Merkmale und somit Übernatürliches mit einbezieht. Übernatürlich bedeutet nicht, dass etwas außerhalb des Unmöglichen liegt, sondern dass es das Wissen der Menschheit übersteigt, außerhalb der Grenzen der Sinneswahrnehmung liegt und daher schwierig zu erfassen ist.

Das »Es« ist gleich der Körper in seiner Gesamtheit. Dieser hat anatomische Voraussetzungen, die unabänderlich sind. Durch ihn nehmen wir Reize auf und geben diese an das Gehirn weiter, wo diese verarbeitet werden und als Erinnerungen und Erfahrungen gespeichert werden. Emotionen und Gefühle entstehen durch den Körper. Die Anschauung Freuds zum »Es« lassen sich eins zu eins auf den Körper als solches übertragen.

Ein gutes Beispiel ist die Sexualität. Um es auf die heutige Zeit zu übertragen: Es ist es etwas Anderes, ob zwei Menschen Sex haben oder sich ein Sexfilm angeschaut wird. Erst durch den körperlichen Kontakt kommt es zu wahrhaftigen Gefühlen, die sich in der Stärke der Empfindung nicht nur ausgedacht werden können, sondern erlebt und gespürt werden müssen. Aus den Emotionen, die der Körper erzeugt, entsteht der Lebenstrieb, jener positive Einfluss von Gefühlen, der für Befriedigung und Freude am Leben sorgt.

Das »Über-Ich« ist gleich der Geist. Viele verwenden den Begriff Geist und Seele synonym, doch das ist falsch. Der Geist ist eigenständig und stellt einen Teil des Gehirns dar. Daher ist der Geist ein immanenter Teil des Körpers. In diesem werden Reize der Umwelt durch den Körper aufgenommen und verarbeitet sowie allen voran Erinnerungen gespeichert. Daher lässt sich der Geist als ein Ort im Gehirn beschreiben, der ähnlich einer Festplatte fungiert. In Abhängigkeit an diesen Pool aus Erinnerungen werden zukünftige Entscheidungen des »Ich« getroffen. Folglich ist der Geist das, was den Menschen zu dem macht, was er ist, und mitverantwortlich für die Entwicklung der Persönlichkeit. Er ist eine Art Instanz des menschlichen Gewissens, durch den abgewogen wird, was gut und was schlecht war und dementsprechend unter Abwägung sein wird. In der Bedeutung lässt es sich überspitzt so zusammenfassen, dass der Mensch in seinem Sein nichts weiter als die Summe seiner Erfahrungen und körperlichen Gelüste ist.

Das »Ich« ist das Bewusstsein, die Seele, die Gegenwart, in der der Mensch lebt. Sie ist immateriell. Die Seele wägt ab, zwischen den Begierden des Körpers und dem Wissen des Geistes. Die Seele ist der Vermittler zwischen diesen beiden. Sie trifft Entscheidungen auf Grundlage des Geistes und körperlichem Verlangen. In der Entscheidungsfindung ist die Seele frei, dennoch irgendwie an die eigene Persönlichkeit gebunden. Der Verstand und die Vernunft sind an die Seele gekoppelt, erfüllen ihren Zweck, allerdings nur in Verbindung mit einem funktionierenden Geist.

Ein Beispiel, durch das der Geist gehemmt wird, ist der Alkohol. Viele Menschen begeben sich oftmals freiwillig in einen solchen Zustand, in dem die Hemmschwelle absichtlich gesenkt wird, noch gute Entscheidungen zu treffen, und der Verstand und die Vernunft zurückgefahren werden. Das Gewissen wird oftmals zuerst ausgeschaltet, wenn bewusstseinsverändernde Drogen genommen werden. So kann jemand sehr aggressiv werden, obwohl die Person nüchtern in ihrem wahren Ich die liebste und netteste Person auf der Welt ist. Umgekehrt kann ein schüchterner Mensch deutlich offener werden. In der Regel ist jeder mit seinem Ich weitestgehend zufrieden, daher ist es eher seltsam, eine Seite an der eigenen Persönlichkeit zu erkennen, die man so von sich selbst gar nicht gewohnt ist. Ein Moment, in dem jemand realisiert, nicht Herr seiner Sinne gewesen zu sein, ist, wenn jemand einen über den Durst getrunken hat, am nächsten Tag aufwacht und sich fragt, wie diese Bilder entstanden sind. Ein solcher Zustand ist nicht zu verurteilen, solange es auf einem witzigen Niveau bleibt, doch oftmals wird sich dabei im Nachhinein nicht unbedingt wohlgefühlt. Unter diesem Umstand leidet in der Folge die Seele, die dadurch in ein Ungleichgewicht gerät. Das oberste Ziel der Seele ist es, ein Gleichgewicht zu halten, zwischen allen Bedürfnissen des Körpers und der Beschaffenheit des Geistes. Gelingt dies, befindet sich auch die Seele in einem ausgewogenen Zustand.

Wer daran glaubt, eine Seele zu besitzen, der wird sich auch mit dem Konzept Seelenverwandtschaft anfreunden können. Sobald die Seele den Körper verlassen hat und sich einen neuen Körper gesucht hat, kann es sein, dass wir auf eine Person treffen, mit der eine solche Verbindung besteht. Auch wenn die Erinnerungen an vorherige Leben durch den Verlust von Körper und Geist verloren gehen, da diese vergänglich sind, kann der Geist eines Menschen der Nachwelt erhalten bleiben, durch Kunst, Architektur oder Literatur. Auch gute Taten sorgen dafür, dass der Geist in den Erinnerungen der anderen Menschen erhalten bleibt und dadurch in den Köpfen und Herzen der Menschen weiterlebt. Durch die Vergänglichkeit des Geistes lässt sich erklären, wieso sich niemand an ein Leben nach dem Tod erinnern kann. Denn die Seele beginnt ein neues Kapitel und lässt das alte hinter sich. Dennoch schaffen es manche Menschen, so große Spuren in der Seele zu hinterlassen, die beibehalten werden, und zwar bis in alle Ewigkeit. Diese Menschen sind es, mit denen eine magische Verbindung bestehen könnte und es scheint so, als kenne man sich ewig, wobei sich in diesem Leben gerade erst begegnet worden ist.

»Wenn Dir jemand erzählt, dass die Seele mit dem Körper zusammen vergeht und dass das, was einmal tot ist, niemals wiederkommt, so sage ihm: Die Blume geht zugrunde, aber der Samen bleibt zurück und liegt vor uns, geheimnisvoll, wie die Ewigkeit des Lebens.«

– Khalil Gibran –

Die Angleichung der Psychoanalyse nach Freud auf die Beziehung Körper, Geist und Seele stellt nur einen Versuch dar, wie ein eher wissenschaftlicher Ansatz und der Glauben an eine Seele im transzendenten Sinne inhaltlich ein Stück näher zusammengebracht werden können. Es ist nur eine von vielen möglichen Ansichten, auf welche Art und Weise sich die Beziehung Körper, Geist und Seele erklären lassen könnte. Es ist sowohl plausibel, das Konzept ausschließlich aus Sicht der Wissenschaft zu betrachten als auch rein aus dem Übernatürlichen begreifen zu wollen.

Die Antwort auf die Frage, was die Seele nun ist und ob es sie gibt, muss sich jeder Mensch selber beantworten. In die Meinungsfindung spielen verschiedene Gründe mit herein. Allen voran, ob der Spiritualität und dem Glauben etwas abgewonnen wird. Außerdem, ob ein Bedürfnis nach einem Leben nach dem Tod vorhanden ist. Schließlich auch, wie mit Erkenntnissen der Medizin und Forschung umgegangen wird, die schwierig zu verleugnen sind. Außerdem, wie mit solchen in der Folge umgegangen wird und diese in Überlegungen mit einbezogen werden können. Bei der Leib-Seele-Problematik muss im Endeffekt jeder selbst zu einer Überzeugung gelangen, die, unter Einbeziehung aller Eventualitäten, zunächst mit sich selbst im Inneren ausdiskutiert werden muss und schließlich, wer daran glaubt, in Einklang mit seiner Seele gebracht werden kann.

Worüber sich alle Menschen einig sind, ist, dass der Tod früher oder später auf jeden zukommt. Auch wenn der Tod so gut wie es geht aus den Gedanken verbannt wird, ist er unausweichlich. Den Umgang mit dem Tod bestimmt jeder selbst und ob der Tod als das Ende oder der Anfang von etwas Neuem angesehen wird.

Körper
Geist
Seele

Kapitel 7:
Der Tod – Das Ende oder der Anfang?

Es ist eines der unbeliebtesten Themen im Leben der Menschen, zwar allgegenwärtig und dennoch weit entfernt. Aus den meisten Köpfen bestmöglich ferngehalten, da versucht wird, ihn zu verdrängen. Der Tod! In seinem Auftreten von schleichend bis plötzlich, oftmals zu früh und manchmal herbeigesehnt. In seiner Erscheinung immer wieder grausam für alle Beteiligten.

Aber was ist der Tod überhaupt?

Auf den ersten Eindruck mag diese Frage relativ leicht zu beantworten sein, denn Tod ist Tod. Doch wann ist eine Person tot und was kommt danach?

Aus biologischer Sicht wird unter dem Tod verstanden, dass ein lebender Organismus seinen Betrieb vollständig eingestellt hat. Der Tod ist der Zustand nach dem Ableben. Der Übergang zwischen dem aktiven Leben und dem Tod wird Sterben genannt. Der Sterbeprozess kann unterschiedlich verlaufen. Auf der einen Seite kurz und schmerzlos oder durch Krankheit langsam und qualvoll. Zum Tod beim Menschen kommt es letztendlich, weil lebensnotwendige Organe versagen, aufgrund des Verlustes der Zellteilungsfähigkeit.

Nach juristischer Auffassung war in der Vergangenheit der Herztod entscheidend, folglich der Stillstand von Kreislauf und Atmung, welcher zum Tode im rechtlichen Sinne geführt hat. Diese Ansicht wird heute nicht mehr vertreten. Die heute herrschende Meinung geht mit der medizinischen konform. So wird der Gesamthirntod als das Lebensende verstanden, mit der Begründung, dass mit dem Gesamthirntod die individuelle Existenz erlischt. Dennoch gibt es keine allgemeingültige Definition vom Tod.

Die Betrachtung des Todes findet bei jedem Menschen aus verschiedenen Blickwinkeln statt. Zum einen aus dem Individuellen heraus, durch die Auseinandersetzung mit dem eigenen Tod. Zum anderen durch das Emotionale, aufgrund von Liebe und Verbundenheit zu Familie und Freunden. Damit geht auch das Mitgefühl für andere einher, die einen Angehörigen verloren haben, dem man selbst nicht so nahesteht. Schließlich gibt es noch die Betrachtung aus dem Externen heraus. Dort interessiert es überhaupt nicht, wer dahingeschieden ist, weil weder zu dem Verstorbenen noch zu den Hinterbliebenen eine Beziehung vorhanden ist.

Aus der externen Sicht stellt der Tod für die meisten kein Problem dar. Denn der Tod gehört nun einmal dazu. Ungefähr ein Prozent der Weltbevölkerung stirbt im Schnitt jedes Jahr. Bei mittlerweile fast acht Milliarden Menschen auf der Erde macht das fast 80 Millionen Todesfälle pro Jahr auf der Welt. Das entspricht in etwa der Einwohnerzahl von Deutschland. Tagtäglich werden in Zeitungen Todesanzeigen und Nachrufe geschrieben, von Unfällen und Schicksalsschlägen gelesen. Doch auch wenn manchmal in besonders bewegenden Fällen kurz ein Anflug von Mitgefühl entsteht, so ist man zwei Minuten später mit seinen Gedanken woanders. Fünf Minuten später ist die Erinnerung an den Tod der fremden Menschen verblasst. Dies liegt darin begründet, dass mit einer fremden Person, die noch nie gesehen wurde, keine Erlebnisse und Erfahrungen geteilt wurden. Dementsprechend verschwindet die Erinnerung auch sofort wieder. Bei Menschen hingegen, mit denen viel erlebt worden ist, eine emotionale Bindung besteht, nimmt einen der Tod stärker mit. Je mehr Zeit miteinander verbracht und je mehr positive Erinnerungen gemacht worden sind, desto größer ist die Trauer und so schlimmer ist der Verlust.

Aus dem emotionalen Blickwinkel ist der Tod von Familie und Freunden sehr schwer zu akzeptieren. Bei Menschen, die uns nahestehen, ist der Tod der schlimmste Fall, der eintreten kann. Sie hinterlassen ein Loch, welches nicht oder nur schwer gefüllt werden kann. Trauer und Verzweiflung sowie Wut und Hass sind normale Folgen, die in den verschiedensten Emotionen zum Ausdruck gebracht werden. Jeder geht mit der Trauer und dem Verlust von geliebten Personen anders um. Wirklich schlimm ist der Tod aber eigentlich nur für die Lebenden. Diese müssen die Leere, die andere Menschen hinterlassen haben, wieder füllen und sie sind es, die in Trauer und Einsamkeit zurückbleiben. Zum Glück legen sich mit der Zeit diese Gefühle etwas und das Leben und der Alltag gehen weiter. In den Herzen und Gedanken aber, leben die Verstorbenen über den Tod hinaus bis in alle Ewigkeit in den Erinnerungen weiter und bleiben dadurch für immer unvergessen.

»Je schöner und voller die Erinnerung, desto schwerer ist die Trennung. Aber die Dankbarkeit verwandelt die Erinnerung in eine stille Freude.«

– Dietrich Bonhoeffer –

Aus dem individuellen Blickwinkel stellt der Tod die Frage der Fragen dar. Zum einen nach dem Zweck der eigenen Existenz, ob es so etwas wie Schicksal gibt und ob der Mensch in seinem Willen frei ist. Denn wer hat schon den Willen zu sterben?

Unter der Voraussetzung, dass man gesund ist, möchte wohl niemand sterben. Die Gesundheit ist das größte Gut, auch wenn mit Einschränkungen gut gelebt werden kann, doch so sollte jeder dankbar sein, sich als bei voller Gesundheit bezeichnen zu können. Vielen Menschen aber, hat das Leben Kummer und Leid bereitet. Krankheiten und Schmerzen, sowohl körperlicher wie auch seelischer Natur. Sollten die Schmerzen so schlimm sein, dass das Leben kaum noch ausgehalten wird, kann der Tod auch eine Erlösung bedeuten. Es gibt zwei Dinge, über die der Mensch nicht entscheiden kann. Das eine ist die Geburt und das andere der Tod. Weder kann sich freiwillig dafür entschieden werden, nicht geboren zu werden, noch nie zu sterben. Man kommt alleine auf die Welt und geht alleine von der Welt.

Bei gesunden Menschen findet die persönliche Beschäftigung mit dem Tod langsam oder gar nicht statt. Die Tatsache, dass man irgendwann stirbt, wird verdrängt und daher einfach hintangestellt. Es gibt wichtigere Dinge als den Tod, denn der kommt früh genug. Schwer kranken Menschen, die in absehbarer Zeit ihr Ende finden werden, bleibt nichts übrig, als sich damit auseinanderzusetzen. Nach der Sterbeforscherin Elisabeth Kübler-Ross kann das Sterben in fünf Phasen unterteilt werden.

Die erste ist die des Nicht-Wahrhaben-Wollens, es besteht noch Hoffnung darauf, dass die Ärzte bei der Diagnose einen Fehler gemacht haben oder es schlicht zu einer Verwechselung gekommen ist. Die zweite Phase ist die des Zorns. Der Betroffene hat die Diagnose zwar angenommen, aber reagiert mit Wut, Verzweiflung und stellt sich die Frage, warum ausgerechnet ich? In der dritten geht es um das Verhandeln mit Gott oder dem Schicksal. Im Mittelpunkt steht der Wunsch nach einem Aufschub und mehr Zeit. Die vierte ist die der Depression. Die Stimmung des Sterbenden verschlechtert sich. Es wird um vergebene Chancen getrauert und über den Verlust des Lebens. Zu dieser Phase kann zusätzlich noch die Angst als Ursache zu dem Modell nach Kübler-Ross hinzugefügt werden. Die fünfte ist die der Akzeptanz. Nach Kübler-Ross erreichen nicht alle diese letzte Phase. Doch dort wird das Schicksal akzeptiert und angenommen.

Für den Umgang mit dem Tod gibt es verschiedene Bewältigungsstrategien, um diesem bereits während des Lebens ins Auge blicken zu können, ohne wegen ihm niedergedrückt zu sein und den Lebensgeist zu verlieren. Die Angst vor dem Unbekannten sollte niemanden so stark vereinnahmen, dass das Wichtigste vergessen wird, nämlich das Leben vor dem Tod zu genießen. Eigentlich gibt es nur zwei Arten, mit dem Tod umzugehen. Eine Möglichkeit ist es, davon auszugehen, dass mit dem Tod alles endet. Der Körper zerfällt in seine Atome und wird auf eine andere Art und Weise Teil des Universums. Option Nummer zwei ist, an ein Leben nach dem Tod zu glauben, bei dem Geist, Seele oder beide erhalten bleiben, auf welche Art und Weise dies auch geschehen mag. Hier kann die Religion oder eine spirituelle Strömung eine spezifische Rolle einnehmen. Wird dem Glauben geschenkt, dann ist der Tod nur ein Durchgangsstadium.

»Es gibt nur zwei Arten zu leben. Entweder so, als wäre nichts ein Wunder oder so, als wäre alles ein Wunder.«

– Albert Einstein –

Der Tod ist für die Menschen deshalb so schwer nachzuvollziehen, da er jeglichem menschlichem Handeln, worauf das Leben über Jahre und Jahrzehnte ausgerichtet wird, widerspricht. Niemand will es wahrhaben, dass es irgendwann so weit ist. Das Streben nach Gewissheit ist in den Denkstrukturen aller verfestigt. Es ist die Ungewissheit über den Tod, die den Umgang mit ihm so schwierig gestaltet.

Zunächst einmal wissen die wenigsten Menschen, wann sie sterben. Bei unheilbar kranken Menschen, bei denen der Sterbevorgang bereits begonnen hat, oder vor schweren Operationen, die ein hohes Risiko bereithalten, ist es absehbar, wann der Tod aller Voraussicht nach oder möglicherweise eintreten wird. Normalerweise kann der genaue Todeszeitpunkt allerdings nie bestimmt werden. Es kann morgen oder in vielen Jahren so weit sein. Ein bisschen ist es ja auch der Charme des Lebens, dass niemand genau weiß, wie viel Zeit ihm noch bleibt. Ginge das Leben bis in die Unendlichkeit, wäre die Folge, dass vieles an Glanz und Besonderheit verlieren würde, da alles schon erlebt worden wäre. Erst der Tod gibt dem

Leben eine tiefere Bedeutung. Durch die Endlichkeit kann man sich nicht sicher sein, wann eine Person zum letzten Mal gesehen wurde. Im Sinne des Abschiednehmens wäre es oftmals schön, noch ein letztes Gespräch zu haben, um all die ungesagten Dinge sagen zu können, oder ein letztes Mal ich liebe dich. Dies ist nicht immer möglich. Zu viele Menschen werden leider viel zu früh und vor allem unerwartet aus dem Leben gerissen. Doch egal, wann es passiert, zum Abschiednehmen ist es immer zu früh. Das Loslassen fällt so oder so schwer, sowohl für denjenigen, der gehen muss, als auch für diejenigen, die bleiben.

Doch wieso leben wir überhaupt, wenn wir sowieso sterben?

Experimente von Forschern zeigen, dass bei Seegurken der Alterungsprozess verlangsamt und sogar gestoppt werden kann, uns Menschen ist dies bislang nicht vergönnt. Was der Seegurke erlaubt ist, ist dem Menschen noch lange nicht erlaubt. Da fragt man sich, welche Spezies am weitesten entwickelt ist. Der Mensch oder ein Tier, das den Anschein macht, als sei es irgendein Gemüse. Die Vergänglichkeit ist schwierig zu akzeptieren, doch an diesem Umstand kann nichts geändert werden, daher bleibt einem nichts anderes übrig, als alles einfach ab und zu mit ein bisschen Humor zu nehmen. Das Thema darf einen, bei aller Ernsthaftigkeit, auch durchaus mal zum Schmunzeln bringen. In der Beantwortung der Gegenfrage zur Ausgangsfrage lässt sich zumindest eine Lehre für das Leben sehen.

Wieso sterben wir nicht, wenn wir sowieso nicht leben? Wir sind geboren, um zu leben. Genau das sollten wir auch tun. Das Leben ist einzig da, um gelebt zu werden. Bei allen Fragen zu unserer Existenz, die aufgeworfen werden, die wir bisweilen versuchen aufzulösen, aber nie mit einer einhundertprozentigen Sicherheit beantworten können, welche uns an den Rand unseres Verstandes sowie der Vorstellungskraft bringen, lässt sich eine Erkenntnis treffen, die jeder Mensch verinnerlichen sollte. Es ist die Freude am Leben, die wir Menschen uns vom Tod nicht nehmen lassen dürfen. Niemals!

»Nicht den Tod sollte man fürchten, sondern dass man nie beginnen wird zu leben.«

– Marc Aurel –

Wer dies verinnerlicht, wird keine Angst vor dem Tod haben. Denn wer beginnt sein Leben so zu gestalten, wie er es möchte, zu innerer Zufriedenheit und Glückseligkeit gelangt, wird sich eines Tages in der Gewissheit, gut gelebt zu haben, in Frieden zur Ruhe legen können. Dann spielt es auch keine Rolle, wann man stirbt, auch wenn dies für die Hinterbliebenen sicherlich nicht gilt. Die Angst vor dem Tod entsteht aufgrund von unerfüllten Wünschen, Träumen, die nicht in die Realität umgesetzt worden sind, und Zielen, die nicht erreicht worden sind. Es ist der Gedanke, in dem befristeten Zeitraum, den man hat, zu wenig mit der zur Verfügung stehenden Zeit angefangen zu haben. Es erfordert ein Umdenken, sich voll und ganz auf das Leben einzulassen. Dies bedeutet, Abwechslung und Farbe in das Leben zu bringen und den Sonnenschein hineinzulassen. Das heißt nicht, so zu leben, als gebe es kein Morgen. Niemand lebt in einem kunterbunten Haus und kann sich die Welt machen, wie sie ihm gefällt. Im Gegenteil, es ist wichtig, an die Zukunft zu denken, und auch an andere Menschen. Das Leben sollte mit einem positiven Blick nach vorne gelebt werden, ohne dabei die Vergangenheit zu bereuen. Egal in welche Richtung im Leben geschaut wird, sollte es die Dankbarkeit für das, was war, und die Vorfreude auf das, was kommt, sein, wodurch einem ein Lächeln ins Gesicht gezaubert wird. Auf diese Weise entsteht ein Gefühl von Erfüllung, womit bezüglich des Todes eine andauernde Sorglosigkeit einhergeht. Was die Erfüllung in seinem Leben ist, dass kann jeder nur selber wissen. Für manche ist es Macht und Geld, für viele die eigene Familie, für Andere anderen Menschen zu helfen. Die Beweggründe für menschliches Handeln könnten unterschiedlicher nicht sein, doch fast allem liegt das Bedürfnis zugrunde, dem Leben vor dem Tod einen Sinn zu geben.

Im antiken Griechenland herrschte eine düstere Vorstellung vom Leben nach dem Tod. Daher waren die alten Griechen darauf bedacht, ihrem irdischen Dasein ein Denkmal zu setzen. Sie versuchten so zu leben, dass sie in gutem Andenken bleiben, um so in den Erinnerungen der Menschen weiterleben zu können.

»Wer im Gedächtnis seiner Lieben lebt, der ist nicht tot, der ist nur fern. Tod ist nur, wer vergessen wird.«
– Joseph Christian von Zedlitz –

Der Tod ist und bleibt ein Bereich, über den es sehr schwer zu sprechen fällt. Den allermeisten ist es unangenehm, aber es gehört eben dazu. So, wie es im Leben viel Platz für Wundervolles gibt, gibt es auch die Schattenseiten, und der Tod wirft den größten Schatten auf das Leben. Der Tod stellt das unausweichliche Ende dar. Es gibt am Tod nichts zu beschönigen. Er kann als eine notwendige Folge der Evolution, das absolute Ende, den Übergang in den Himmel oder als der Beginn von etwas Neuem angesehen werden. Tief in den Menschen liegt die Sehnsucht und die Hoffnung, dass es da noch mehr geben muss. Mehr als das befristete Dasein unserer Existenz.

In Zeiten der Trauer über den Verlust von geliebten Menschen oder die eigene Ungewissheit, was mit einem selbst passieren wird, kann die Religion eine wichtige Rolle einnehmen. Sie gibt Hoffnung in den dunkelsten Stunden des Lebens und kann Suchenden den Sinn des Lebens zeigen und Lebensfreude wieder neu erwecken. Nicht jeder bezeichnet sich als gläubig im Sinne von religiös. Die einen glauben an einen Gott, andere an die Wissenschaft. Doch der Tod stellt etwas dar, das kein Mensch in seiner Endgültigkeit erfassen kann. Seit jeher gibt es Ansätze, diesen begreifen und erfassen zu wollen. Da dies unmöglich ist, bietet der Glaube die wohl beste Möglichkeit, um den Tod akzeptieren zu können. Religion und Glaube schenken uns Hoffnung in Zeiten, in denen die Hoffnung schon längst verloren scheint.

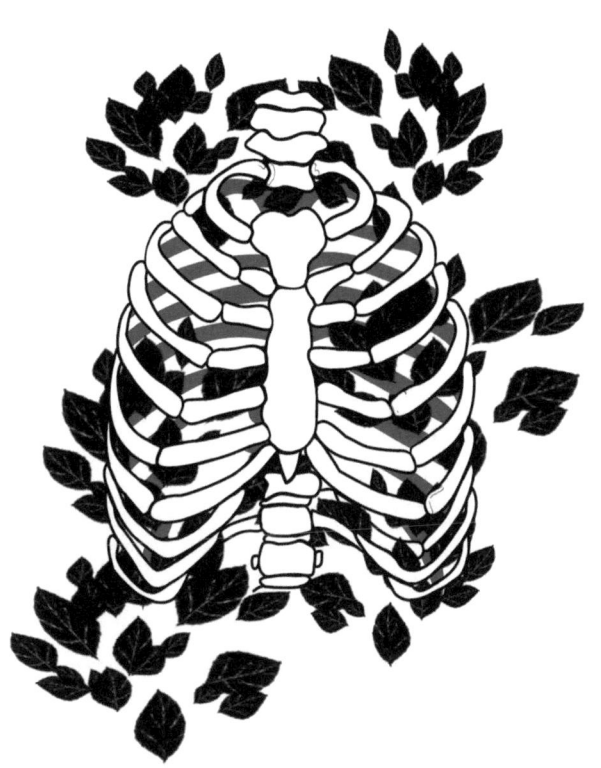

Kapitel 8:
Religion und Glaube – ein und dasselbe?

Der Glaube prägt die Menschheit seit Anbeginn ihrer Zeit. Das Verlangen nach rationaler Gewissheit, ist in jedem fest verankert. Allerdings gibt es im Leben nicht auf alles eine Antwort. Für all die unzähligen offenen Fragen, die niemand erklären kann, bedarf es etwas, worauf sich im Zweifel berufen und vertraut werden kann. In der Mathematik wird die Variable X angewendet, durch die weitergerechnet und so zu Lösungen gelangt werden kann. Bei der Religion verhält es sich ähnlich, da sie Lösungsvorschläge für die Seiten des Lebens bietet, die nicht verstanden werden können. Mit Religion wird zumeist der Glaube an einen Gott oder mehrere Götter verbunden. Jede Religion behauptet für sich, die einzig wahre zu sein. Aber gibt es die einzig wahre? Welcher Glaube ist der richtige? Und sollten Menschen gläubig sein? Um sich mit diesen Fragen zu beschäftigen, muss zunächst geklärt werden, was der Begriff Religion überhaupt bedeutet.

Das Wort Religion kommt, wie so viele Wörter, aus dem lateinischen Sprachgebrauch. Es leitet sich von dem Substantiv religio ab. Als Übersetzung gibt es mehrere Möglichkeiten. Zum einen kann das Wort, angelehnt an das Glaubensverständnis, Frömmigkeit und Heiligkeit bedeuten. Allgemeiner ausgedrückt, kann es auch mit Bedenken und Gewissenhaftigkeit übersetzt werden.

Manche Quellen sehen den Ursprung in dem Verb re-legere, was wiederauflesen, Acht geben oder zurückbinden bedeutet. Wie bei jedem Wort, das zu einer anderen Zeit entstanden ist, müssen wir uns heute eingestehen, dass es lediglich eine Deutung des Wortes sein kann, die wir heutzutage vornehmen. Letztendlich haben wohl alle Interpretationen des Ursprungswortes über die Jahrhunderte unser heutiges Verständnis von Religion mitgestaltet.

Dem Glauben im Allgemeinen liegt keine starre Weltanschauung zugrunde. Es ist etwas höchst Persönliches und kann nur individuell geschehen. Die Weltreligionen und ihre Institutionen geben eine bestimmte Glaubensrichtung vor. Sie formulieren Richtlinien, wie der Glaube abzulaufen hat. Dies stellt eine gute Option dar, da sich so einer Auffassung angeschlossen werden kann. Dies bringt viele Vorteile mit sich, aber auch Nachteile. So kann es angenehm sein, Lehren über das Leben zu erhalten, die nachhaltig das eigene Verständnis davon bereichern. Außerdem ist es schön, mit Menschen den Glauben und gemeinsame Werte teilen zu können. So bietet eine Glaubensgemeinschaft Platz und Raum, um dort einige der wichtigsten Fragen des Lebens klären zu können. Vorsicht ist lediglich geboten, wenn der Glaube dogmatisch wird und Andersdenkende, weil sie eine andere Meinung haben, diskriminiert werden oder gar Kriege im Namen des Glaubens geführt werden.

»Ich kann es kaum begreifen, wie jemand, wer es auch sei, wünschen könnte, die christliche Lehre möge wahr sein; denn wenn es so ist, dann zeigt der einfache Text, dass die Ungläubigen, und ich müsste zu ihnen meinen Vater, meinen Bruder und nahezu alle meine besten Freunde zählen, ewige Strafen verbüßen müssen. Das ist eine abscheuliche Lehre.«

– Charles Darwin –

Nicht nur das Christentum, beinahe jede große Weltreligion hat für Ungläubige nichts übrig. Es passt aber nicht mehr in das 21. Jahrhundert, dass nur, weil auf eine andere Art und Weise geglaubt wird oder auch gar nicht, man ein schlechterer Mensch sei. Es ist anmaßend, zu behaupten, dass nur der eigene Glauben und die eigene Religion die richtige ist. Niemandem sollte etwas aufgezwungen werden. An etwas zu glauben sollte nicht ausschließen, in Erwägung zu ziehen, dass es noch etwas Anderes geben kann. Umgekehrt darf nicht versucht werden, Menschen, die Gott vertrauen oder an eine höhere Macht glauben, von ihrem Glauben durch rationale Argumente abzubringen. Nicht jeder ist für den Glauben empfänglich, doch besonders in Situationen, in denen Hoffnung der letzte Ausweg ist, kommen Menschen dem Transzendenten näher. Auch wenn danach gesucht wird, findet sich nicht immer eine Antwort auf jede Frage im Leben. Es heißt ja, wer suchet, der findet, und die Antwort auf das Suchen ist häufig der Glaube.

Viele finden diesen in solchen Momenten des Lebens, wenn ihnen Leid widerfahren ist. Der Glaube dient sozusagen als Rettungsinsel. Andere hingegen sind enttäuscht und verlieren den Glauben. Es kann auch eine Abkehr stattfinden. Die Frage danach, warum Gott Leid zulässt, beschäftigt irgendwann einmal jeden gläubigen Menschen. Zur Theodizeefrage gibt es viele verschiedene Lösungsansätze, aber keine zufriedenstellende Erklärung. Die einzige Aussage, die getroffen werden kann, ist möglicherweise die, dass es ohne etwas Schlechtes auch nichts Gutes auf der Welt geben würde?

Historisch gesehen, geht es in jeder Religion darum, möglichst viele Anhänger zu gewinnen. Zu den Zeiten, in denen die modernen Religionen entstanden sind, war, wie seit jeher, die Angst ein wichtiger Faktor. Daran hat sich bis heute nichts geändert. Alles, was die Menschen nicht verstehen, macht ihnen Angst. Die Religionen bedienen sich dieser Ängste und den Gefühlen der Menschen, bieten die Chance, diese zu verarbeiten, nutzen sie gelegentlich aber auch aus. Während sich immer mehr Menschen genau deswegen von Religionen abwenden, sollte darüber nachgedacht werden, wieso die Religionen nicht mit der Zeit gehen. Während sich Staatssysteme und die Gesellschaft verändern, versuchen Religionen sich an Zeiten zu orientieren, die längst vergangen sind. Die Ausübung und der Erhalt von Macht innerhalb der Gesellschaft stehen dem, wofür Religionen eigentlich da sind, im Weg. Nämlich den Menschen eine Plattform zu bieten, durch die das Unbegreifliche begreiflich gemacht wird. Religionen sollten versuchen, sich darauf zu besinnen, weshalb es sie gibt, anstatt so zu tun, als hätte der Säkularisierungsprozess nie stattgefunden. Religionen sind da, um den Menschen Wege aufzuzeigen, sie in ihrem Lebensgeist zu bestärken sowie Hoffnung zu geben.

Glauben heißt, nicht wissen, was man aber weiß, ist,

dass der Glaube an etwas Berge versetzen kann. Glaube und die damit einhergehende Hoffnung sind elementar im Leben eines jeden Menschen. Es ist nicht entscheidend, woran geglaubt wird, sondern dass überhaupt geglaubt wird. Es kann der Glaube an eine Religion, die Verbundenheit zu Gott, das Vertrauen auf die Wissenschaft oder der Glaube an die Liebe sein. Solange an irgendetwas geglaubt wird, hat das Leben einen Sinn. Daher sollte jeder Mensch gläubig sein, aber nicht blind einer Religion vertrauen, ohne diese kontinuierlich zu hinterfragen.

»Glaube denen, die die Wahrheit suchen, und zweifle an denen, die sie gefunden haben.«

– André Gide –

Dass es nur die eine wahre Religion gibt, sollte daher eher kritisch betrachtet werden, da im Umkehrschluss alle anderen Menschen falsch liegen würden. Dies ist wohl eher unwahrscheinlich. Die Frage, welcher Glaube und welche Religion nun der oder die richtige ist, kann daher nicht eindeutig beantwortet werden. Wie so oft, muss dies jeder mit sich selber ausmachen. Es ist schön, wenn man an etwas glauben kann. Aber niemand darf verurteilt werden, wenn er es nicht tut, so wie es vorgegeben wird. Religiöse Toleranz ist eine Errungenschaft, die sich verfestigt hat, aber sich noch weiterentwickeln muss. Die Toleranz gegenüber anderen Religionen ist wichtiger denn je. Früher konnten Länder und Regionen auf der Erde in verschiedene Glaubenssysteme eingeteilt werden. Ihnen wird heute in der Regel nicht mehr die Bedeutung zugemessen wie in der Vergangenheit. Sie existieren aber fort. Die Religionen prägen die Weltbilder von Ländern und ganzer Kontinente bis zum heutigen Tage, somit auch das Weltbild eines jeden Menschen.

Daher ist es insbesondere in Zeiten der Globalisierung, in der die Welt näher zusammengerückt ist, wichtiger denn je, den Glauben eines jeden zu respektieren und zu akzeptieren. Die Grenzen verschwimmen immer mehr, sodass es für ein friedliches Miteinander unabdingbar ist, dafür zu sorgen, dass ein jeder überall seinen Glauben ausleben kann. Durch die besondere Bedeutung der Religionen auf das jeweilige Weltbild ist es dennoch wichtig als Andersgläubiger, wenn sich in einer Gegend aufgehalten wird, in der mehrheitlich ein anderer Glaube vorherrscht, sich an bestimmte historisch gewachsene Werte anzupassen. Dies ist auch ein Zeichen von Toleranz und Akzeptanz. Wenn sich beim Sport zwei rivalisierende Teams begegnen, wird sich ja auch nicht mit dem Trikot der eigenen Mannschaft in den Fanblock der anderen gestellt. Mit der Ausübung der Religion ist es komplizierter, aber es kann einfach provozieren, wenn jemand seine Auffassung anderen auf die Nase bindet.

Der Toleranz von Religionen untereinander hat literarisch Gotthold Ephraim Lessing, im dritten Akt seines Dramas »Nathan der Weise«, ein Denkmal gesetzt. Durch die Ringparabel verdeutlicht er auf metaphorische Weise die engen Zusammenhänge der drei großen monotheistischen Weltreligionen. In seinem Werk erzählt Nathan ein Gleichnis von einem Vater, der seinen drei Söhnen jeweils einen Ring vererbt. Es ist Tradition, dass ein Vater den Ring immer an den Sohn vermacht, den er am meisten liebt. Eines Tages, nach vielen Generationen, kann sich ein Vater nicht entscheiden, da er alle drei Söhne gleichermaßen liebt. Daher entschließt er sich, zwei Duplikate herzustellen, versichert aber jedem, es sei der echte Ring. Nach dem Ableben des Vaters ziehen die drei Söhne vor Gericht, um klären zu lassen, welcher der echte Ring ist. Der Richter erinnert die Söhne daran, welche Eigenschaften und welcher Effekt dem Ring zugeschrieben wird. Dieser mache bei anderen Menschen beliebt. Sollte einer der echte sein, würde sich dies in der Zukunft zeigen. Wenn dies bei keinem der Söhne der Fall sei, so müsse der echte Ring wohl verloren gegangen sein. Die Söhne sollten alle drei versuchen, die Wirkung des Ringes zu entfalten.

Die Ringparabel bezieht sich im übertragenen Sinne darauf, dass jede Religion behauptet, die einzig wahre zu sein, diese Frage aber gar nicht beantwortet werden kann. Vielmehr zielt sie auf eine friedliche Koexistenz der Religionen ab. So sollte die eigene Religion gewürdigt und ausgelebt werden, ohne dabei die anderen Religionen schlechtzureden. Die jeweiligen Ansichten sollten mit Sanftmut und Wohltun verbreitet werden.

»Es ist nur eine Religion, aber es kann vielerlei Arten des Glaubens geben.«

– Immanuel Kant –

Die Religionen bieten Antworten und sind Vorschläge, auf welche Weise Glaube interpretiert werden kann. Zum einen ist es möglich, sich einer dieser vorgefertigten Meinungen anzuschließen und mit einer Prise Individualismus zu versehen, denn am Ende legt jeder eine Religion für sich selbst auch noch ein wenig anders aus. Zum anderen kann ein Mensch aber auch gläubig sein, ohne den vorherrschenden Religionen zu folgen. Daher ist Glaube und Religion nicht ein und dasselbe, wobei es aber dasselbe sein kann.

Was der Glaube eines Menschen ist, kann jeder nur mit sich im Inneren ausmachen. Es existieren so viele Arten des Glaubens, wie es Menschen auf der Welt gibt. Viele schließen sich unter einer Religion zusammen, andere sind eher introvertiert und machen bestimmte Dinge mit sich selbst aus. Was auch immer ein Mensch macht und woran er glaubt, ist niemals falsch, falsch ist nur, wenn der Glaube andere Menschen betrifft, die damit nichts zu tun haben wollen. So wie die Freiheit eines Menschen endet, wenn sie die Freiheit eines Anderen einschränkt, sollte es auch mit dem Glauben sein. Sofern der Glaube positiv und lebensbejahend ist, steht dem nichts entgegen, diesen nach außen kundzutun. Sollte dieser die Rechte anderer verletzen, existiert eine Grenze.

Religion kann ein Anker in der rauen See des Lebens sein. Eine Boje im weiten Meer, an der abgelesen werden kann, wo man sich befindet, so wie ein Leuchtturm, welcher den sicheren Weg zum Hafen ebnet. So lange nicht jedes Rätsel des Universums gelöst ist, was nie der Fall sein wird, wird es auch Religion und Glaube geben. Glaube bedeutet Hoffnung. Diese ist gemeinsam mit der Liebe das stärkste Empfinden im Leben. Ob die Hoffnung nun in einer Religion, im Lachen eines Kindes, einer positiven Nachricht oder der Vorfreude auf ein Ereignis gesehen wird, ist relativ unerheblich, solange Hoffnung vorhanden ist.

»Alles, was in der Welt erreicht wurde, wurde aus Hoffnung getan.«

– Martin Luther –

Die Hoffnung ist wie ein Feuer, welches lichterloh brennen kann oder nur noch glimmt. Jeder kann das Feuer aufbrennen lassen. Es kann auch durch andere Menschen, aufgrund ihrer Lebensfreude, oder durch den Glauben an etwas neu entfacht werden. Ohne Hoffnung kann kein glückliches Leben geführt werden. Der Glaube an etwas stellt daher, einen Schlüssel zu einem glücklichen Leben dar. Sei es die Hoffnung auf ein Leben nach dem Tod. Die Hoffnung auf ein gesundes Leben sowie die Dankbarkeit für die eigene Existenz und die Erschaffung der Welt. Die Hoffnung kennt keine Grenzen und ist allgegenwärtig, da sie in jedem Menschen vorhanden ist.

Kapitel 9:
Die Welt – Menschheit und Erde

Auf welchem Weg die Welt entstanden ist, ob von Gott geschaffen oder durch den Urknall, muss sich jeder selbst beantworten. Unabhängig der Antwort auf diese zwei unterschiedlichen Erklärungsansätze für das Entstehen der Welt, leben wir Menschen auf der Erde in einem empfindlichen Gleichgewicht. Ohne die Erde würden wir nicht leben. Einzig durch die Ozonschicht vor kosmischer Strahlung abgeschirmt, bevölkern wir unseren wunderschönen blauen Planeten, der auf der Oberfläche zu rund 71 Prozent aus Wasser und im Inneren aus festen und flüssigen Metallen besteht. Weder im Weltall noch im Wasser geschweige denn im Erdinneren, wäre der Mensch ohne technische Hilfe überlebensfähig. Aufgrund dessen muss versucht werden, die 29 Prozent Land und das sensible Ökosystem mit den Bäumen, die unseren Sauerstoff zum Atmen produzieren, zu schützen. Es ist sehr fragwürdig, aus welchen Gründen mit der Erde nicht schonender und sanftmütiger umgegangen wird. Aktuell befindet sich niemand in der Lage, wie in Star Wars, einfach zu einem anderen Planeten aufzubrechen, sollte die Erde irgendwann keinen geeigneten Lebensraum mehr für das menschliche Dasein darstellen.

Das Thema Erde wird die Weltbevölkerung im 21. Jahrhundert vor ihre bisher größte Herausforderung stellen. Entweder es vereint die Welt oder spaltet sie noch stärker. Kriege zwischen Menschen untereinander gibt es schon, solange es Menschen gibt. Der Krieg allerdings, der als Nächstes bevorsteht und bereits begonnen hat, ist der gegen die Natur. Die Kriegserklärung dazu hat nicht die Erde abgegeben. Und die Menschheit sollte sich die Frage stellen, ob ein solcher Krieg sinnvoll ist.

Es muss ein strukturelles Umdenken stattfinden. Denn bei einem solchen Kräftemessen kann es nur einen Gewinner geben. Auf Dauer wird es nicht die Menschheit sein. Wir provozieren die Erde, indem wir sie ausbeuten. Doch es wird der Punkt kommen, an dem die Natur zurückschlägt, und zwar mit roher Gewalt, verhandeln wird sie dabei nicht. Bei manchen Prozessen, die in Gang gesetzt worden sind, können die langfristigen Schäden noch gar nicht abgeschätzt werden. Aktuell kann vielem aber noch entgegengesteuert werden, bevor es zu unumkehrbaren Folgen kommen wird. Klimawandel, Überbevölkerung und Ressourcenknappheit sind und werden die zentralen Konfliktpunkte. Entweder wird für alles eine weltweite Lösung gefunden, bei der sich niemand aus der Affäre ziehen kann, oder es geht den Bach runter. Verlieren kann dabei auf Dauer nur der Mensch, denn die Erde holt sich zurück, was ihr gehört.

Erst wenn es Naturkatastrophen gibt, wird vielen bewusst, welche ungeheure Kraft und Größe die Erde hat. Diese Energie muss sich dann für das Sonnensystem, die Galaxie und die Unendlichkeit des Universums vorgestellt werden. Im Vergleich zu uns Menschen lässt sich dadurch vor Augen führen, wie klein und unbedeutend ein Individuum, wie auch die Gattung Menschheit als solches, in Anbetracht dieser Ausmaße erscheint. Dennoch glaubt die Mehrzahl der Menschen über die Natur und jeden Zweifel erhaben zu sein.

Seit jeher strebt der Mensch nach Fortschritt und Weiterentwicklung. Er befindet sich auf der Überholspur, ohne dabei in den Rückspiegel zu schauen und sich Gedanken über ein bestehendes Tempolimit zu machen. Das Credo lautet: Stillstand ist gleich Rückschritt. Mit Beginn der Industrialisierung, durch die Globalisierung und zuletzt durch die Digitalisierung hat sich die Welt für uns Menschen entscheidend verändert. Diese drei Faktoren sind im Prozess der Fortentwicklung in den letzten 250 Jahren die wichtigsten Schritte. Wird die Entwicklung der Menschheit in den historischen Kontext gesetzt, steigt Wissen und Technik zunehmend an, in den letzten Jahrhunderten beinahe exponentiell.

Die Frage muss lauten: Was kommt als Nächstes?

Der wahrscheinlich nächste größere Schritt wird rückblickend die künstliche Intelligenz sein, kurz KI. Denn zurzeit befinden wir uns in der Phase, in der diese entsteht. Es bleibt abzuwarten, welche Folgen und Auswirkungen der Einsatz von KI in der Zukunft haben wird. Sicher ist nur, dass es weitreichende Folgen auf die Welt, wie wir sie kennen, haben wird. Zur Zeit der Industrialisierung wurden bestehende Strukturen grundlegend umgewälzt und die Qualität und Quantität in der Herstellung von Gütern verbessert. Die Globalisierung hat die Welt vernetzt und verbunden und die Digitalisierung hat das Leben vereinfacht und ganz neue Möglichkeiten eröffnet. Doch jede Entwicklung hat auch negative Folgen. Seien es die Arbeitsbedingungen und die Umweltverschmutzung im 18/19. Jahrhundert; die Auslagerung von Arbeitsplätzen in Länder, in denen günstiger produziert wird; die schnelle globale Verbreitung von Krankheiten; die Abhängigkeit der Weltwirtschaft; der Wegfall von Arbeitsplätzen, da die Arbeit nicht mehr gebraucht wird; Cyberattacken; die Abhängigkeit von Maschinen; Elektromüll; sowie das Verschwenden von Ressourcen.

Auch die künstliche Intelligenz wird sich daher eher negativ auf Arbeitsplätze und Umwelt auswirken. Bei all den vielen Chancen und Möglichkeiten, die durch KI entstehen, bleibt die Frage, wie diese eingesetzt wird. Die Entwicklung von intelligenten Geräten und Robotern, die selbst denken, ist sowieso nicht für jeden Menschen angenehm. Im Film Transformers werden Elektrogeräte durch einen elektromagnetischen Impuls von einem außerirdischen Artefakt zum Leben erweckt. Wir Menschen bemühen uns darum, so etwas selbst zu erschaffen. Die Vorstellung, mit Geräten auf der Erde zu leben, die denken können, aber nichts fühlen, ist nicht leicht zu akzeptieren. Bei jeder Entwicklung haben die Menschen stets das Positive im Sinn. Das Ziel ist das Anpassen an Umstände, eine Verbesserung der Lebensqualität sowie das Schaffen von etwas Neuem. Daher bietet auch KI gute Erfolgsaussichten auf eine positive Einbeziehung in das menschliche Leben, doch dürfen auch Risiken nicht unterschätzt werden.

Leider sind die negativen Folgen einer jeden menschlichen Errungenschaft seit Jahrhunderten zulasten der Umwelt und der einfachen Arbeitnehmer gegangen. Während die Menschen sich an die gesellschaftlichen Umstände anpassen und sich neue Arbeit suchen können, versucht die Erde, sich auch anzupassen, sie reagiert durch eine Abänderung des Klimas. Den Generationen vor uns darf, was die Erde angeht, kein so großer Vorwurf für die Umweltverschmutzung gemacht werden, denn sie wussten es nicht besser. In den letzten Jahrzehnten hat sich allerdings erwiesen, welche negativen Auswirkungen der Mensch auf die Erde hat. Der Unterschied im Umgang mit der Erde zwischen den Menschen im 19. Jahrhundert und 21. Jahrhundert ist der, dass wir es heute besser wissen. Ein Vergleich lässt sich gut im Strafrecht sehen. So war es damals fahrlässige Tötung und heute ist es vorsätzlicher Mord, was wir mit der Erde tun.

Doch die Erde wird es sich auf Dauer nicht gefallen lassen, wie wir mit ihr umgehen. Zum Teil bringt sie es bereits zum Ausdruck, aber die Auswirkungen des Klimas werden noch verheerender werden. Es kann eine Parallele zwischen dem Verhalten der Erde und dem menschlichen Körper gezogen werden. In der Praxis gibt es zwar keine Zusammenhänge, doch die Reaktion ist im Endeffekt die gleiche. Wenn ein Mensch eine Infektion hat und in der Folge krank wird, ist eine der ersten Reaktionen, die Temperatur des Körpers zu erhöhen, um den Erreger abzutöten. Die Erde reagiert mit der Erwärmung ähnlich dem menschlichen Körper auf Verschmutzung und Abnutzung, nämlich mit einem Anstieg der Temperatur. Folglich ist sie momentan krank, mit dem Unterschied, dass keine Viren oder Bakterien verantwortlich für die Erkrankung sind, sondern die Menschheit.

Der World Overshoot Day, der Tag, an dem alle natürlichen Ressourcen für das Jahr verbraucht worden sind, war 2019 bereits Ende Juli erreicht, so früh wie nie zuvor in der Geschichte der Menschheit. Alles, was danach aufgebraucht wird, besteht aus Rücklagen der Erde. Ein Beispiel, welches jeder versteht, ist das des eigenen Bankkontos. Dort hat jeder bestimmte Rücklagen und ein monatliches Einkommen. Wird das Einkommen aufgebraucht und nur noch von Rücklagen gelebt, wird irgendwann der Punkt kommen, an dem der Kontostand bei null ist. Früher oder später ist das Guthaben dahin. Klar gibt es Mittel und Wege, sich eine Zeit lang über Wasser zu halten, aber ob die Erde, sollte es so weit kommen, uns Menschen einen Dispositionskredit gewährt, sollte stark bezweifelt werden. Der Erderschöpfungstag zeigt, wie stark die Belastung ist. So bräuchten wir aktuell circa 1,75 Erden um die Menschheit mit allem zu versorgen. Seit längerem steigt die Bevölkerungsanzahl auf der Welt, woraus resultierend in der Folge immer mehr Rohstoffe benötigt werden. Falls keine Wege gefunden werden, der Erderschöpfung entgegenzuwirken und der Trend nicht rückläufig wird, stehen Herausforderungen und Naturkatastrophen bevor, die wir sonst nur aus Science-Fiction-Filmen kennen.

»Die Erde soll früher einmal ein Paradies gewesen sein. Möglich ist alles. Die Erde könnte wieder ein Paradies werden. Alles ist möglich.«

– Erich Kästner –

Immanuel Kant sagte einst, man solle den Mut haben, sich seines eigenen Verstandes zu bedienen. Unter der Prämisse, dass Verstand und auch Anstand vorhanden ist, sollte niemand denken, dass ihn das Thema Erde nichts angeht. Denn so wie wir die Welt vorgefunden haben, als einen Planeten, auf dem es sich, bei allen Problemen, zu leben lohnt, und vor allem, auf dem gelebt werden kann, sollte er auch den zukünftigen Generationen hinterlassen werden. Im Gegenteil, es sollte sogar versucht werden, ihn ein Stück besser zu machen. Die Welt ist ein Ort, der Paradies oder Hölle sein kann. Zu was von beidem die Welt gemacht wird, hängt davon ab, was die Menschen aus ihm machen.

Die Schönheit der Natur ist mit Worten kaum zu beschreiben. Ob die anmutige Höhe der Berge oder die unendliche Weite der Ozeane. Die Vielfalt der Welt kennt keine Grenzen. Sie verblüfft immer wieder aufs Neue und verwundert zugleich. Doch auch menschliche Bauwerke, die sich in die Weiten der Landschaft einprägen, bieten Grund zur Faszination. Seien es antike Bauwerke, mittelalterliche Burgen oder auch moderne Städte. Der menschliche Erfindungsreichtum kennt keine Grenzen. Daran, dass der Mensch sich die Welt untertan macht, ganz nach dem Motto, hier bin ich Mensch, hier darf ich sein, ist nichts auszusetzen. Solange der Fortschritt mit den natürlichen Begebenheiten der Erde in Einklang gebracht wird. Aktuell besteht ein Ungleichgewicht zwischen dem, was wir von der Erde fordern und dem, was wir zurückgeben. Diese Schieflage muss ausgeglichen werden, damit das Leben so wie wir es kennen auch noch in tausend Jahren Bestand hat. Zusammenfassend passt ein deutsches Sprichwort gut, welches lautet: Was du der Erde hast entnommen, muss wieder sie zurückbekommen.

»Miteinander werden wir unsere Erde retten oder miteinander in den Flammen ihres Brandes umkommen. Aber retten können und müssen wir sie, und damit werden wir uns den ewigen Dank der Menschheit verdienen und als Friedensstifter den ewigen Segen Gottes.«

-John F. Kennedy-

Das Wort, das am wichtigsten ist, lautet Miteinander. Nur gemeinsam können die Ziele, welche die ganze Welt betreffen, erreicht werden. Auch wenn der Schutz der Umwelt eines der wichtigsten Themen ist, sollte sich keine dogmatische Klimabewegung entwickeln, die außer dem Umweltschutz keinen anderen Inhalt hat. Es ist von gleicher Wichtigkeit, eine Lösung zu finden, die auch wirtschaftliche und gesellschaftliche Interessen mit einbezieht. Umgekehrt dürfen die Veränderungen des Klimas nicht verdrängt werden. Weder werden wir Menschen uns zurückentwickeln, indem freiwillig auf etwas verzichtet wird, genauso wenig werden wir auf ewig mit diesem Konsumverhalten so weiterleben können. Die Wahrheit liegt wie so oft in der Mitte. Doch zu einer Verbesserung der Umstände kann nur gemeinsam und durch Zusammenhalt gelangt werden.

Für den Anfang würde es bereits ausreichen, vor der eigenen Türe zu kehren und sich um seinen ökologischen Fußabdruck zu kümmern. Es reicht schon aus, sich ins Bewusstsein zu rufen, wie wichtig unsere Erde für unser Überleben ist. Kleinvieh macht auch Mist. So sind es oftmals Kleinigkeiten, die zu einem Wandel in das Positive führen können. Weder mit dem eigenen Körper noch mit anderen Menschen noch mit Tieren, die ein Teil dieser Welt sind, gehen wir so schlecht um. Wieso fangen wir nicht an, auch die Erde als Freund zu betrachten?

Jeder nimmt sich selbst zu wichtig. Dabei sind wir alle nur ein winziger Teil dieser großartigen Welt. Es sollte versucht werden, das Beste daraus zu machen. Zum einen für sich persönlich und sein eigenes Leben, denn schließlich hat man nur eins. Daher ist ein gesunder Egoismus nichts Verwerfliches. Doch auch die soziale Außenwirkung auf andere Menschen und die Umwelt darf nicht vernachlässigt werden. Falls die Welt nicht aus der Sicht von unten nach oben, sondern von oben nach unten betrachtet werden würde, wäre allen bewusst, wie unnötig die meisten Probleme sind.

Die Erde ist einzigartig, wunderschön und unser Zuhause. Sie ist die Wiege der menschlichen Zivilisation. Die Betrachtung von oben lässt viele Konflikte unnötig erscheinen. Dessen muss sich jeder nur bewusst werden. Dann kann die Menschheit einer blühenden Zukunft entgegenblicken, in der ein alles umfassender Frieden auf der Welt herrscht und die Weltbevölkerung Hand in Hand geht. Jeder Mensch lebt in seiner eigenen Welt, stellt aber einen kleinen Teil der großen, weiten Welt dar. Damit geht eine Verantwortung einher, die auch übernommen werden muss.

Jeder Mensch auf der Erde ist besonders. Jedes Leben bietet die Gelegenheit, die Welt nachhaltig zu verändern. Diese Chance sollte nicht verpasst werden und niemand diese Möglichkeit verstreichen lassen.

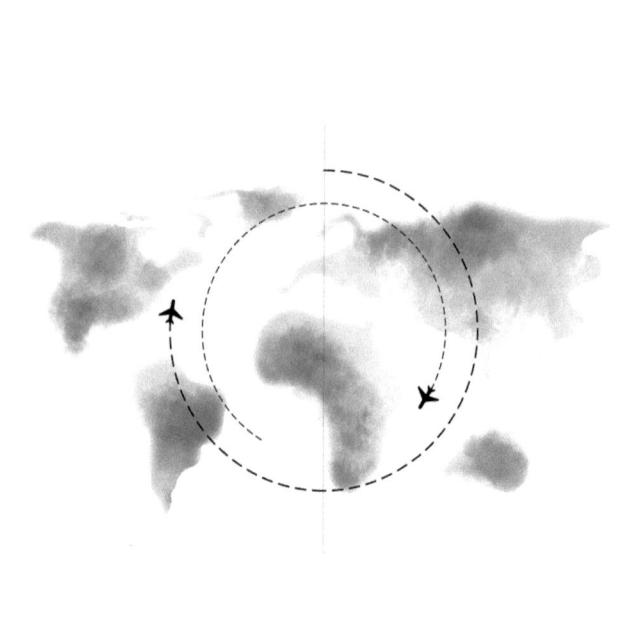

Kapitel 10:
Das Leben

Worin der Sinn des Lebens besteht, lässt sich nicht pauschal klären. Doch alle Menschen erfüllen auf irgendeine Art und Weise mit ihrem Dasein einen Zweck. Um den eigenen Zweck herauszufinden, sollte sich folgendes beantwortet werden können. Wer bin ich? Was kann ich? Warum bin ich hier? Und wo möchte ich hin?

Zu wissen, wer du bist, welche Fähigkeiten und Talente in einem schlummern, was einen glücklich macht und welche Ziele man hat, bringen einen Menschen auf einen guten Weg, ein Leben zu führen, welches gut ist. Aber was ist schon ein gutes Leben? Die Antwort kann nur lauten, ein Leben zu führen, welches am letzten Tage gegen kein anderes eingetauscht werden möchte. Das Beste ist, möglichst viele angenehme Stunden im Kreise von Familie und Freunden zu verbringen. Es sollte viel Zeit, von der, die einem bleibt, mit Menschen verbracht werden, die geliebt und geschätzt werden. Allerdings kann auch die Zurückgezogenheit und der Austausch mit sich selber von großer Bedeutung sein. Es ist ein Wechselspiel zwischen der Beschäftigung mit sich selber, in Einsamkeit, um sich seiner selbst bewusst zu werden und zur inneren Ruhe zu kommen, und der Beziehung zu anderen Menschen. Zu welchem Anteil dies geschieht, hängt von der eigenen Persönlichkeit ab, ob jemand eher introvertiert oder extrovertiert ist. Weder das eine noch das andere Extrem ist richtig. Niemand sollte wie die

Bienen in einem Schwarm leben, noch wie ein Tiger alleine in der Prärie. Die richtige Mischung macht es aus.

Arbeit erfüllt nicht nur den Zweck, Geld zu verdienen. Bestenfalls wird nicht nur ein Beruf gefunden, sondern eine Berufung. Da ein Großteil der Zeit im Leben damit verbracht wird, einer Erwerbstätigkeit nachzugehen, sollte diese eine sein, die einem Freude bereitet. Sicherlich kann nicht jede Tätigkeit Spaß machen, aber eine grundlegende Begeisterung sollte vorhanden sein. Wenn du etwas tun kannst, worin du gut bist und es dir wirklich Freude bereitet, dann bist du schon weiter als viele Menschen.

Es gibt kein Handbuch für ein glückliches Leben. Es kann zwar versucht werden, eine paar kluge Ratschläge zu geben, in denen geraten wird, sich in Bescheidenheit zu üben, aber es ist nicht mehr als ein Versuch, etwas Individuelles zu verallgemeinern. Den einen erfüllt ein ausschweifender Lebensstil und andere, die innere Ruhe zu finden, weil im Einklang mit der Natur gelebt wird. Entscheidend ist doch zu wissen, wohin du möchtest, sich seinen Wünschen und Gefühlen klar zu werden und diese zu erfüllen. Dies ist die beste Vorrausetzung zu einem befriedigenden Leben. Solange du mit dir selbst im Reinen bist, spielt es eine untergeordnete Rolle, was andere über einen denken.

Man muss fliegen lernen und dazu muss erst mal erkannt werden, wer oder was einen fliegen lässt. Wer Schmetterlinge im Bauch hat, darf sich vor seinen Gefühlen nicht verstecken. Der Mensch muss lernen, sich wie ein Schmetterling aus seinem Kokon zu befreien und das Leben in Freiheit zu leben. Dazu gehört es, sich seinen Ängsten zu stellen und diese zu überwinden. Denn nur wer ohne Angst lebt, kann in seinem Handeln wirklich frei sein und ohne Schuldgefühle gegenüber anderen beziehungsweise insbesondere sich selber leben.

Das Leben ist schnell genug vorbei, daher sollte es gelegentlich verlangsamt und nicht noch zusätzlich beschleunigt werden. Denn in der Ruhe liegt die Kraft. Um es in den Worten von Balu zu sagen, probiere es mal mit Gemütlichkeit. In der Realität gibt es viele Faktoren, die dies nicht immer möglich machen. Allerdings ist es auch kein Lebenssinn, ausschließlich gehetzt und gestresst durch das Leben zu gehen. Wichtig ist es, einen bestimmten Punkt von Gelassenheit zu erreichen. Nicht erst im hohen Alter, sondern bereits früher.

Der Glaube und die Religion können dabei helfen, das Leben zu verstehen, müssen dies aber nicht. Dennoch ist es gut zu wissen, dass sich, falls es gebraucht wird, darauf verlassen werden kann, dass es möglicherweise doch noch mehr gibt, als wir Menschen begreifen. Das Leben findet auf der Welt statt, die ein wundervoller Ort ist, um zu leben. Die Erde ist bunt und schön. Der Erhalt dessen ist wohl das herausragende Ziel für die Zukunft. Stets sollte bedacht werden, wie außergewöhnlich es ist, hier zu sein. Gleichzeitig zufrieden und dankbar dafür, gesund zu sein, da es Menschen gibt, die alles dafür tun würden, in den Schuhen eines anderen zu stecken.

Um ehrlich zu sein, ist es doch nun einmal so, dass es schwierig ist, immer alles im Leben so umzusetzen, wie es sich vorgenommen wird. Es ist ein Leichtes, über etwas zu schreiben und sich Gedanken zu einem Thema zu machen. Doch die Verwirklichung dessen, die Theorie in die Praxis umzusetzen, stellt eine ganz andere Aufgabe dar. Der Alltag und Angewohnheiten nehmen überhand, sodass oftmals oder beziehungsweise sogar eher zumeist in den Strudel der eigenen Denkmuster zurückverfallen wird. Doch zu beginnen, sich über das Leben Gedanken zu machen, sich selbst und auch alles andere zu hinterfragen, sowie manche Verhaltensmuster abzulegen, kann der Beginn zu einem besseren Leben sein. Das Leben ist ein lebenslanger Lernprozess und das Allerwichtigste ist die stetige Arbeit an sich selbst. Es gibt viele Höhen und Tiefen. Doch, wie damit umgegangen und was daraus gemacht wird, kann jeder selbst bestimmen. Jeder Tag ist wie eine neue Seite, auf der man nur selbst diktiert, was das Leben für einen schreibt.

Denkt man über das Leben nach, bleibt nur die Erkenntnis, dass bereits viele vor uns waren und viele nach uns sein werden. So bleibt zum Leben nur zu sagen: Genieße die Zeit ständig, weil das Leben nur begrenzt ist.

Nachwort

Dieses Buch dient nicht dazu jemandem vorzuschreiben, auf welche Weise er zu leben hat. Es ist ein Ratgeber und eine Empfehlung, wie bestimmte Dinge interpretiert werden könnten. Es basiert auf einem erzähltheoretischen Ansatz, nämlich dem Eisbergmodell nach Ernest Hemingway. Das Leben ist so komplex und individuell, dass es nie ein Buch geben wird, welches alle offenen Fragen, aus jedem Blickwinkel zufriedenstellend, beantworten wird. Über jedes Kapitel hätte ein eigenes Buch geschrieben werden können. Das Buch dient lediglich dazu Denkanstöße über Themen zu geben, die mich beschäftigt haben und gewiss viele Menschen tagtäglich beschäftigen. Manches liegt im Verborgenen und jeder Leser kann sich die aufgeworfenen Fragen selbst, aufgrund seiner eigenen Lebenserfahrung, beantworten. Nicht jeder wichtige Bereich hat Erwähnung gefunden. Zum Beispiel ist das Thema Arbeit und Beruf viel zu kurz gekommen. Dabei nimmt es eine entscheidende Rolle im Leben ein. Allerdings wäre es anmaßend, als Student der ich nun einmal noch bin, Ihnen detailreich etwas über Karriere und Beruf erzählen zu wollen. Deshalb bin ich größtenteils, um authentisch zu bleiben, bei den Themen geblieben in denen ich eigene Lebenserfahrungen habe. Nicht auf alles gibt es im Leben eine Antwort. Vielen Fragestellungen, wie beispielsweise dem Leben nach dem Tod oder nach der Beschaffenheit der Seele, kann sich nur angenähert werden. Eine letzte offene Frage bleibt noch.

Wieso schreibt der Typ, mit Anfang zwanzig, ein Buch über das Leben? Nun ja, ich habe versucht mein Leben neu zu strukturieren und mir dabei über vieles Gedanken gemacht. Meine persönlichen Beweggründe dafür, gehen meiner Meinung nach im Endeffekt nur mich etwas an. Doch da ich meine Gedanken relativ frei geäußert habe, bin ich der Auffassung, dass sich jeder selbst eine Meinung dazu bilden kann. Um über das Leben nachzudenken, ist niemand zu jung oder zu alt. In meinem bisherigen Leben hatte ich viel Glück und dafür bin ich sehr dankbar. Dazu zählt es zum einen gut behütet, in einer Familie mit den besten Möglichkeiten, aufgewachsen zu sein. Zum anderen, dass ich gesund bin, aber auch die Freundschaft zu so vielen tollen Menschen. Ich kann sagen, dass ich ein junger Erwachsener bin, der noch seinen Platz in der Welt sucht. Von der Liebe bislang zumeist enttäuscht worden und seit der Trennung, von meiner ersten Freundin, fällt es mir schwer Gefühle zu entwickeln. Mit dem Konflikt Vertrauen aufzubauen und Gefühle zu zulassen glaube ich nicht alleine zu sein. Das Problem der Selbstfindung ist in meinem Alter nichts Außergewöhnliches. Daher ist alles doch ziemlich normal.

Rückblickend konnte ich, während des Prozesses des Schreibens und durch die Auseinandersetzung mit dem Leben, mein eigenes besser ordnen. Daher kann ich das Buch für mich persönlich als ein Erfolgserlebnis bewerten, unabhängig davon, ob es Ihnen zusagt. Dennoch hoffe ich, Sie sowohl zum Nachdenken über das Leben im Allgemeinen als auch insbesondere über das eigene angeregt zu haben. Es wäre mir eine Freude und

Ehre zugleich, Sie sowohl auf intellektueller als auch auf emotionaler Ebene erreicht zu haben. Sicherlich habe ich mit diesem Buch das Rad nicht neu erfunden. Doch so müssen Lehren der Vergangenheit, die es schon seit tausenden von Jahren gibt, auch immer wieder auf die aktuelle Zeit übertragen und auf Fragen der Gegenwart bezogen werden. Falls mir dies gelungen sein sollte, wäre ich sehr stolz.

An dieser Stelle möchte ich einigen Menschen einfach mal Danke sagen. Viel zu oft wird dieses Wort benutzt und gar nicht wirklich so gemeint. Doch so möchte ich ein aufrichtiges Dankeschön loswerden, welches von Herzen kommt. Daher möchte ich mich zunächst bei meinen Eltern bedanken, die immer für mich da waren und da sind. Mir ist bewusst, dass ich in vielen Dingen ein Spezialfall bin und es nicht immer leicht mit mir ist. Andere hätten mich schon häufig fallen gelassen, doch so seid ihr in jeder Lebenssituation für mich da. Deshalb ein riesengroßes Dankeschön für eure Liebe, Hilfe und Unterstützung in allen Lebensbereichen. Weiterhin möchte ich mich bei meinen Großeltern bedanken, die ebenfalls immer für mich da sind und auf die ich mich verlassen kann, wie auf sonst niemanden. Lieber Opa Willi und liebe Oma Helga, vielen Dank dafür. Insbesondere dir, Oma, wünsche ich eine gute Besserung und hoffentlich kannst du das Buch bald selber lesen. Auch dich, Bruderherz, möchte ich gesondert erwähnen. Auch wenn wir uns immer mal wieder in den Haaren haben und unterschiedlicher Meinung sind, möchte ich dir an dieser Stelle mitteilen, wie lieb ich dich habe. Liebe Grüße an dieser Stelle auch an meine Schwestern und ihre Kinder, besonders an meine Patennichte Anni, auch wenn du das Buch im Moment noch gar nicht lesen kannst. Außerdem gehen Grüße raus an Opa Otto, meine Onkels und Tanten, Cousins und Cousinen sowie natürlich meine ganze Familie.

Wer natürlich auch nicht fehlen darf, sind meine Freunde. Daher geht ein großes Dankeschön an Nicole, die immer ein offenes Ohr für mich bezüglich meines Buches hatte. Dies habe ich sicherlich auch ausgekostet. Daher danke, dass du mir immer zugehört hast und für mich da warst. Vielen Dank an meine Bro's, die mich auf die Leipziger Buchmesse begleiten wollten, um mich dort zu unterstützen. Leider ist diese wegen der Corona Pandemie ausgefallen, sodass daraus nichts wurde. Ein großes Dankeschön geht an Laura, für die visuelle Umsetzung meiner Idee mit dem Glückszyklus und für deine Illustrationen! Wen ich einfach nochmal erwähnen möchte, ist die Rasselbande. Euch allen, sowie natürlich alle anderen, die ich vergessen habe zu erwähnen, danke schön für eure Freundschaft!

Zuletzt möchte ich mich bei einigen Menschen bedanken, die während des Lebens bei den allermeisten in Vergessenheit geraten. Nämlich bei meinen Lehrern, Professoren, Trainern und sonstigen Menschen, die mir was beigebracht haben. Dieses Dankeschön richtet sich an diejenigen Lehrer, die in meiner Persönlichkeit damals nicht nur einen faulen und pubertierenden Jungen, sondern das Positive und den Menschen gesehen haben, der ich eines Tages werden kann. Danke an alle, die mich zum Guten hin beeinflusst haben, sei es durch die Vermittlung von Wissen, die Verbesserung von Fähigkeiten oder das Aufzeigen anderer Ansichten. Daher ein Dankeschön an das Domgymnasium in Fulda und die Julius-Maximilians-Universität Würzburg.

Vielen Dank für Ihre Aufmerksamkeit
und das Lesen meines Buches

M. Dröll

Literaturverzeichnis

Bonhoeffer, D. (kein Datum). Widerstand und Erge-
bung. Briefe und Aufzeichnungen aus der Haft. 2.
Auflage. München 1952: Chr. Kaiser.

Brothers, J. (kein Datum). gutezitate.com. Abgerufen
am 19. Februar 2020 von https://gutezitate.com/zi-
tat/175835

Ebner-Eschenbach, M. v. (1905). Aphorismen. Parabeln,
Märchen und Gedichte (Bd. 1). Berlin: Paetel.

Einstein, A. (kein Datum). Momente der Ruhe. München: Groh 2013.

Goethe, J. W. (1808). Faust, Der Tragödie Erster Teil.
Prolog im Himmel. (W. D. Hellberg, Hrsg.) Stuttgart
2018: Reclam.

Kant, I. (1793). Die Religion innerhalb der Grenzen der
bloßen Vernunft. (K.-M. Guth, Hrsg.) Berlin 2016:
Contumax – Hofenberg.

Kästner, E. (kein Datum). gutezitate. Abgerufen am 19.
Februar 2020 von https://gutezitate.com/zitat/182351

Kennedy, J. F. (25. September 1961). Tagesspiegel – Zi-
tate. Abgerufen am 18. Februar 2020 von http://zitate.
tagesspiegel.de/autoren/john-f-kennedy/3/

Schächtele, P., & Kensok, P. (2007). Magische Fragen - Zauberhafte Sprüche. Norderstedt: BoD.

Schiller, F. (1799). Wallensteins Tod. Ein dramatisches Gedicht. Stuttgart 2017: Reclam.

Too many words, Not enough ink. (2012). Lulu.com. Abgerufen am 19. Februar 2020

Weizäcker, R. v. (24. Dezember 1986). Weihnachtsansprache 1986. Abgerufen am 19. Februar 2020 von Der Bundespräsident: https://www.bundespraesident. de/SharedDocs/Reden/DE/Richard-von-Weizsaecker/ Reden/1986/12/19861224_Rede.html%20Weihnachtsansprache%20des%20Bundespr%C3%A4si-denten%201986

Wuketits, F. M. (2005). Darwin und der Darwinismus. München 2005: C.H. Beck.